Eggs'n Thingsで港町を眺めながらティータイムを過ごす(P106)

神戸ポートタワーから望むハーバーランドの夜景(P101)

スターバックス コーヒーの神戸限定グッズ(P59)

BE KOBEのモニュメント(メリケンパーク)。夜にはライトアップされて雰囲気が変わる(P100)

ノスタルジーと新しさが
共存するベイエリア

ハーバーウォーク沿いに立つ旧神戸港信号所(P103)

AQUARIUM × ART átoaの球体型水槽(P104)

átoa LABで2500冊以上の本に夢中!(P104)

モザイク大観覧車(P102)

明るい回廊に面した大丸神戸店のカフェラ(P88)

プラトン装飾美術館(イタリア館)の豪奢なインテリア(P58)

南京町の中心、南京町広場(P71)

香港 君悦飯店 神戸のキュートな点心(P70)

歴史ある街をあちこち歩いて
神戸らしさを探しましょう

トアロードの老舗帽子店マキシンのカサブランカ型の帽子(P75)

風見鶏の館1階の美しいステンドグラス(P54)

北野異人館街のランドマーク
風見鶏の館(P54)

旧居留地に立ち並ぶレトロ建築群(P82)

神戸北野ホテル ホテルブティックではレモンケーキが人気(P74)

炭焼すてーき きた山で神戸牛を味わう贅沢ランチ(P32)

のわのわカフェの名物オムライス(P31)

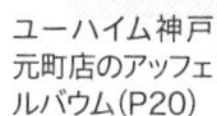

ユーハイム神戸元町店のアッフェルバウム(P20)

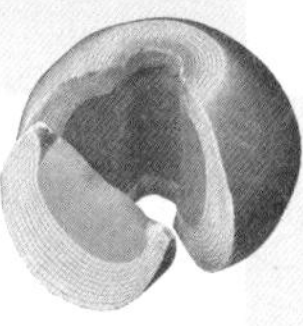

スイーツ、パン、洋食……
多彩なグルメも魅力です

Rond sucré cafeのロンシュクレ(P79)

& EARL GREY KOBE本店のジェラート(P29)

フロインドリーブの名物クロワッサン(P16)

Salon15 TOOTH TOOTH 旧神戸居留地十五番館のアフタヌーンティー(P85)

ALL FLAGSのビュッフェを堪能(P107)

神戸ってどんなところ？

港町らしい異国情緒を そこかしこに感じる街です

幕末の開港とともに、港町として発展してきた神戸。山手には異人館が並び立ち、旧居留地にはレトロビルが林立し、遠いヨーロッパの古い街を連想させます。また、早くから欧米文化に触れてきたため、洋食やスイーツ、ファッションなどあらゆる分野にハイカラ気風が漂っています。

異人館はひとつひとつが個性的(☞P54)

北野坂の冬はイルミネーションが素敵(☞P37)

おすすめシーズンはいつ？

オールシーズンOK イベントに合わせて訪れても

市内は年中穏やかな気候で、時期を問わず楽しめます。六甲山など山間部では、冬期は積雪があるので車移動の方はご注意。神戸まつり、南京町春節祭など季節のイベントに合わせて行くのもおすすめ。特に冬期は、神戸ルミナリエをはじめイルミネーションイベントが豊富です(☞P141)。

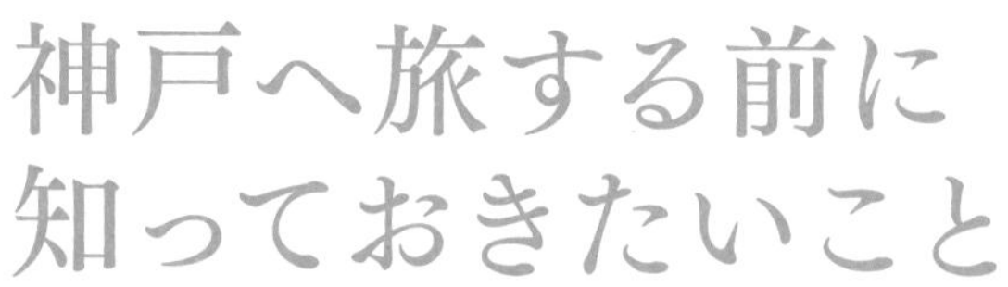

神戸へ旅する前に知っておきたいこと

エキゾチックでハイカラ気風の港町・神戸。
都心部でアクセスも良好、気軽に楽しめる
旅のヒントをお教えします。

どうやって行くの？

新幹線や飛行機が便利
リーズナブル派は高速バスを

新幹線新神戸駅から北野異人館街までは徒歩圏、中心部・三宮へも地下鉄で1駅とアクセス良好。新神戸到着10分後には観光がスタートできます。飛行機なら神戸空港が玄関口。こちらも三宮までポートライナー1本です。お得な高速バスなら東京駅から約9時間40分です（☞P138）。

空港からポートライナーで三宮へ

観光にどのくらいかかる？

神戸の街はコンパクト
1～2日でしっかりまわれます

観光のみどころは市内中心部にぎゅっと集まっているので、駆け足なら1日でも十分。主な観光地を周遊する「シティーループ」バスを使えば便利です。できれば1泊して、1000万ドルと称賛される神戸の夜景を楽しむのがおすすめ。お買い物やグルメもゆっくり堪能できます。

シティーループで移動もラクラク！（☞P51）

神戸＋もう１日観光するなら？

有馬温泉で癒やされたり
姫路城へ足を延ばしたり

日本三古湯の有馬温泉へは地下鉄三宮駅から約30分。市街を1日観光した後温泉で1泊、というプランもいいでしょう。世界遺産・姫路城なら三ノ宮駅からJRで約40分＋徒歩20分。「平成の修理」を経て美しくなった大天守閣は必見。復路はJR姫路駅から新幹線で帰れます（☞P122・132）。

秀吉も通った有馬温泉（☞P122）

初めての神戸で外せないのは?

異人館のエキゾチックな街並み、開放的なベイエリアへもぜひ

港町らしい異国情緒は神戸最大の魅力。北野異人館街や旧居留地には古い洋館や欧風のビルが今も残り、独特の街並みをつくり出しています。南京町のエネルギッシュな異空間もぜひ見ておきたいもの。神戸ポートタワーやモザイク大観覧車などが華やかに彩る海辺の景色も必見です。

北野の高台からは市街を一望(☞P52)

モザイク大観覧車からの眺望も抜群(☞P102)

人々の活気があふれる南京町(☞P70・71)

創作鞄 槌井で作家手作りの一生ものを手に入れる(☞P41)

神戸らしいおしゃれがしたい!

三宮の中心街のほかトアロードや栄町通周辺へ

今やファッション界で「神戸系」は注目の的。シンプルで上品ななかにもトレンドを利かせ、洗練されたスタイルが人気です。三宮周辺のショッピングビルのほか、若者ファッションが集まるトアウエストなども狙い目(☞P40・74・76)。

ぜひ味わいたいのは？

パン・スイーツは必食！ 多彩な中国料理や洋食も

風味豊かな焼きたてパンや、パティシエ自慢のスイーツは、神戸でぜひとも食べておきたいもの。開港以来の歴史が育む洋食や中国料理も老舗の名店が揃います。憧れの神戸牛を味わうならランチタイムがおすすめ。夜景を眺めながらのディナーも格別です。(☞P16～)。

フロインドリーブのクロワッサン(☞P16)

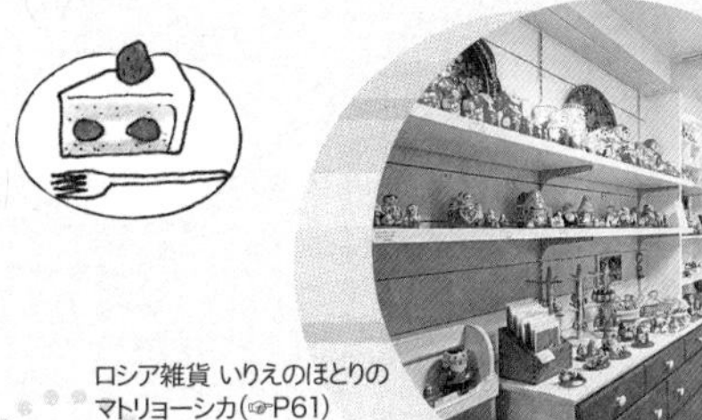

ロシア雑貨 いりえのほとりのマトリョーシカ(☞P61)

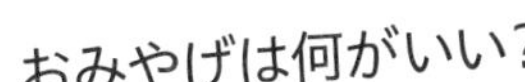

おみやげは何がいい？

芸術のようなスイーツが充実 異国雑貨も見逃さないで

おいしくて見た目も美しいお菓子は世代を問わず喜ばれるもの。神戸市内の百貨店でも神戸限定品が手に入ります。自宅用にはパンのおみやげもお忘れなく。また、雑貨なら異国の香り漂うインポートグッズはいかが？ ヨーロッパテイストの小物は、旅の思い出になること請け合い。

ひと休みするのにおすすめは？

神戸は純喫茶が充実 レトロ空間を利用したカフェも

早くから喫茶文化が根付いた神戸には、おいしいコーヒーが飲める老舗喫茶がたくさんあります。手作りの名物スイーツと合わせてどうぞ。また、異人館やレトロビルの空間を利用した異国情緒漂うカフェは神戸ならでは。ベイエリアで海を見晴らすカフェも人気です。

異人館を再生したスターバックス コーヒー神戸北野異人館店(☞P59)

1泊2日、とっておきの神戸の旅

1日目は異人館～南京町～ベイエリアの王道観光、
2日目はベイエリアからスタートして午後はぶらぶらショッピング。
神戸のいろんな顔に出合える、ゆったり2日間のコースです。

1日目

11:00 新神戸駅

出発ー!

お昼前に新幹線新神戸駅に到着。まずはすてきなカフェに向かって坂道を下ります

教会を改装したベーカリーカフェ・フロインドリーブ（☞P16）で憧れのランチタイム

12:30 北野異人館街

観光スタート!

急な坂道も何のその、うろこの家・展望ギャラリー（☞P55）へ。記念撮影をパチリ♪

館内に入ると100年の時が止まったよう。明治の異人さんたちの暮らしに思いを馳せます

国指定重要文化財の萌黄の館（☞P56）へ。ベランダから望む神戸の街並みは必見

ふかふかパンに夢中!

おやつはパンとエスプレッソと異人館（☞P59）で。焼きたてパンの香りに包まれて

15:00 旧居留地

シティーループで移動してレトロビル街へ。北野とは一風異なる異国情緒（☞P80）

全部おいしそうで目移りしちゃう♡

大丸神戸店（☞P88）で神戸ならではのスイーツを購入。買い過ぎにはご注意を

16:30 南京町

コレは必須でしょ!

てくてく歩いて南京町へ。老祥記（☞P45・70）の豚まんをその場でパクッ!

17:30 ベイエリア

夕暮れの海辺は感傷的。神戸ポートタワー（☞P101）周辺をのんびり歩く

モザイクの絶景レストラン・REAL DINING CAFE（☞P103）で夕食を

21:00 お宿

神戸北野ホテル（☞P112）で一泊。館内も客室も豪奢でトキメキが止まらない!

2日目

おはよう！

11:00 神戸港クルーズ　12:30 ハーバーランド

朝食はフランス料理の巨匠の味を公式に受け継いだ「世界一の朝食」を味わおう

神戸港を巡るboh boh KOBE（☞P109）。明石海峡大橋も見えます

ALL FLAGS（☞P107）でランチ。ホテルのシェフが腕をふるう贅沢ビュッフェ

お昼の後はAQUARIUM × ART átoa（☞P104）へ。癒やされること間違いなし!

14:30 栄町通・海岸通

世界に一つのバッグを求めてTANDEY（☞P40）へ。納得いくものをオーダー

小さな雑貨屋さんがどれも気になる! トレッペ雑貨店（☞P95）のかわいい小物

15:30 元町

これぞシアワセ♪

MOTOMACHI CAKE（☞P18）で可愛くておいしい憧れスイーツに感動

16:30 トアロード

神戸のおしゃれはシンプルでいて女性らしい。Chronik（☞P75）でお買い物

自分へのおみやげに

トアロードデリカテッセン（☞P75）でスモークサーモンを。帰宅後のおつまみに…

Sundayfishgirl（☞P77）で国内外から集められたポップなおみやげをゲット!

17:40 ベーカリー

トミーズ三宮店（☞P24）に立ち寄り。明日の朝ごはんにパンを買いましょう

18:30 新神戸駅

いい旅でした！

三宮から地下鉄で新神戸駅へ。改札前のショップでおみやげもゲット。また来ます！

せっかく遠くへ来たんですもの

3日目はひと足延ばしてみませんか？

有馬温泉へ行きたい人は

三宮から地下鉄などを乗り継いで約30分。六甲山で夜景を見て、ロープウェイで有馬に入る方法も。古湯で癒やされましょう（☞P122）。

姫路城へ行きたい人は

三宮からJRで約40分、さらに徒歩か周辺ループバス利用。美しい大天守などみどころも満載。帰りは姫路駅から新幹線で（☞P132）。

ココミル cocomiru

神戸

Contents

●表紙写真
表）パティスリー AKITOのサンペリーナ（P19）／神戸凮月堂 元町本店の神戸六景ミニゴーフル（P79）／風見鶏の館（P54）／小さなあとりえ＊蕾のメッセージボックス（P60）／BE KOBE（P100）／マキシンの帽子（P75）／カフェレストラン「カメリア」のフレンチトーストセット（P23）
裏）萌黄の館（P56）／GREEN HOUSE Silvaの昭和オムライス（P67）／南京町（P70）

〈マーク〉

- 観光みどころ・寺社
- プレイスポット
- レストラン・食事処
- 居酒屋・BAR
- カフェ・喫茶
- みやげ店・ショップ
- 宿泊施設

〈DATAマーク〉

- ☎ 電話番号
- 住 住所
- ¥ 料金
- 開館・営業時間
- 休 休み
- 交 交通
- P 駐車場
- 室 室数
- MAP 地図位置

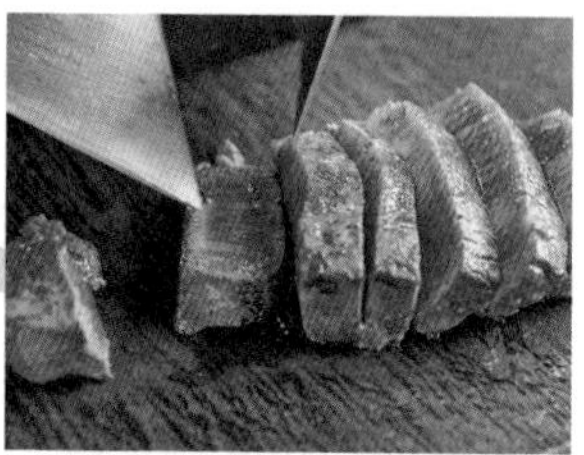
特別な日の食事に神戸ステーキ 彩ダイニング（☞P33）の厳選神戸牛ステーキ

お持ち帰りスイーツ（フロインドリーブ☞P16・42）

紅茶の名店で優雅なティータイム（Sugar Spoon☞P29）

食べるのがもったいないくらい（神戸洋藝菓子ボックサン三宮店☞P79）

カフェ文化も奥深いのです（北野坂にしむら珈琲店☞P26）

ナチュラルでいておしゃれなのが神戸っぽい？（clueto☞P41）

アンリ・シャルパンティエ 芦屋本店で限定スイーツを（☞P21）

焼きたてパンは格別のおいしさ！（イスズベーカリー 元町店☞P24）

食べて、買って、満たされる神戸を旅するって、幸せかも。

「神戸」と聞いて、まず思い浮かぶのは何でしょう。極上スイーツにパン、神戸牛に南京町、夜景……。それらすべてに共通するのは「洗練されている」ということ。私だけの幸せな旅を探しにいきましょう。

手作りならではのかわいい靴（halva ＊ halva☞P41）

懐かしいデザインのお菓子（亀井堂総本店☞P43）

まずは神戸らしさ満点のお店 老舗「フロインドリーブ」へ

ここ、フロインドリーブには、その歴史、たたずまい、何をとっても神戸のエッセンスが凝縮されています。神戸を訪れたら、まずは訪ねてほしいお店です。

礼拝堂を改装した神秘的なカフェスペースにうっとり

ふろいんどりーぶ

フロインドリーブ

工房で作るパンは昔ながらの製法で

大正13年（1924）創業の老舗ベーカリー。レンガ窯で焼き上げるドイツパンや焼き菓子など、創業当時から引き継がれる伝統的な製法により、ベーカリーの多い神戸でも屈指の人気店。教会を改装した雰囲気たっぷりのカフェも評判で、ランチタイムは客足が絶えない。

☎078-231-6051 住神戸市中央区生田町4-6-15 ⏰10～18時（カフェは～17時LO、平日のみランチ11時30分～14時）休水曜（祝日の場合は翌日）、ほか臨時休あり 交JR三ノ宮駅から徒歩13分 P10台 MAP付録P6E2

1 いかにも元教会らしいアーチ状のエントランスをくぐって店内へ 2 大人気の平日限定ランチセット1650円。具材は日替わり

◀昭和4年(1929)に建てられたゴシック様式の教会を活用

ヴォーリズ設計の神戸ユニオン教会をベーカリーに

「フロインドリーブ」の建物は、元神戸ユニオン教会。阪神・淡路大震災で前店舗が全壊した後、この教会を買い取り、リノベーションしました。

フロインドリーブで買いたいパン＆焼き菓子

クロワッサン
259円
ふわっと羽のように広がった生地がサクサク香ばしい人気商品

ドイツコッペ
648円
外はハードで香ばしい。野菜や玉子をのせてもおいしい

ブルーベリープルンダー 427円
甘酸っぱいブルーベリーのプルンダーにアーモンドをトッピング

ハードトースト(1/2)
583円
表面はさっくり、中はふんわりとしたトースト。Lサイズ1166円もある

クルミ入りライブレッド(1/2) 648円
ライ麦のほのかな酸味とクルミの食感が楽しめる。Lサイズは1296円

トップクーヘンS
2138円
レーズン、アーモンド、オレンジピールが入ったコクのある壺形のケーキ

ダッチクランツS
1710円
薄いパイ生地の上にナッツがたっぷり。消費期限は製造日より3日

ダブルスイートB
2484円
ハート型のパイ・中ミミ3個、クッキー4袋の詰合せ。ギフトに最適

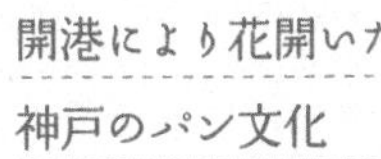

開港により花開いた神戸のパン文化

文献によると日本にパンが入って来たのは16世紀中ごろ。しかし長らく一般人の口に入るものではありませんでした。神戸では慶応3年(1868)の開港に伴い、居留地の外国人たちの食生活を満たすためではありましたが、のちに一般人に向けたベーカリーが誕生し、神戸のパン文化が花開きます。フロインドリーブの創業者ハインリッヒ・フロインドリーブ氏は、そんな神戸のパンの創成期に重要な役割を果たしました。

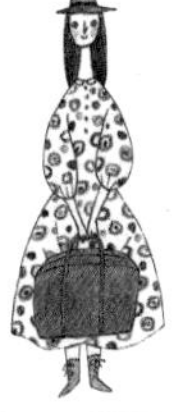

建物はキリスト教伝導のため来日した建築家W・M・ヴォーリズが建てたもの。国の登録有形文化財に登録されています。

名だたる人気パティスリーのあの逸品を食べ歩き

老舗から新進の注目店まで、多くのパティスリーが集まる神戸。まずはあの人気店の逸品をいただきましょう。

海岸通

ラム酒とクリームの大人なハーモニー

アリババ 600円
ラム酒のシロップをたっぷり含んだ生地とやさしい味わいのクリームが相性抜群。しっとり濃厚な風味が楽しめる大人のケーキ

ぱてぃすりー もんぷりゅ
パティスリー モンプリュ

腕をふるう林周平氏は、フランスの名パティシエ、ジャン・ミエ氏のもとで修業を積んだ実力派。メレンゲを使ったケーキの先駆者として知られる。

☎078-321-1048 住神戸市中央区海岸通3-1-17 ⏰10～18時(カフェは～16時LO) 休火・水曜 交JR元町駅から徒歩5分 Pなし MAP付録P11A2

ショーケースには30種近いケーキがずらり

元町

シンプルイズベストな素朴ショートケーキ

ざくろ 330円(価格変更予定あり)
卵黄たっぷりのふんわり軽いスポンジ生地で、生クリームとイチゴを包んでいる。お手頃価格なのもうれしい!

もとまち けーき
MOTOMACHI CAKE

素朴なケーキが揃う老舗洋菓子店。ケーキも焼き菓子も、安心安全の素材を使い、創業当時から変わらない製法で作り続ける。セルフ式のカフェを併設。

☎078-341-6983 住神戸市中央区元町通5-5-1 ⏰10～18時(カフェは～17時30分LO) 休水・木曜 交JR元町駅から徒歩8分 Pなし MAP付録P12D1

「子どもを想う母親のおやつ菓子」がコンセプト

北野

風味豊かで美しい素材のハーモニー

モード 880円
3種類のチョコレートを使用した、店のスペシャリテ。香ばしいヘーゼルナッツやフルーティなアプリコットがポイント

らう゛にゅー
L'AVENUE

ワールドチョコレートマスターズ2009で優勝した平井茂雄氏の店。素材の味わいを丁寧に重ねたスイーツが揃う。

☎078-252-0766 住神戸市中央区山本通3-7-3ユートピア・トーア1階 ⏰季節・曜日により異なる。公式Webサイトにて要確認 休水曜、火曜不定休 交JR元町駅から徒歩12分 Pなし MAP付録P7B2

ケーキ、焼き菓子、ショコラなどが並ぶ

あつあつチーズケーキの
観音屋 元町本店

「観音屋 元町本店」の看板のチーズケーキ400円は、スポンジの上にデンマーク直輸入のチーズをのせて焼いた、あったかいチーズケーキです。
☎078-391-1710 ⏰10時30分～21時(20時30分LO) 休無休 MAP付録P11B1

三宮

自慢のタルトに
色とりどりのフルーツ

シャペロン 792円（イートイン）
ミルキーなクリームといちごをブリゼ生地で焼き上げた、いちごミルク仕上げのベイクドチーズケーキ

ぱてぃすりー とぅーす とぅーす ほんてん
PATISSERIE TOOTH TOOTH 本店

神戸生まれの人気スイーツ店。季節のフルーツを使ったタルトを中心に、カヌレや焼き菓子など、幅広い品揃え。
☎078-334-1350 住神戸市中央区三宮町1-4-11ラティス三宮1・2階 ⏰1階10～20時、2階サロン11～18時LO（土・日曜は～19時LO）休不定休 交JR三ノ宮駅から徒歩5分 Pなし MAP付録P9C4

パリを思わせるおしゃれな店構えもすてき

新神戸

老若男女に愛される
飽きのこない味わい

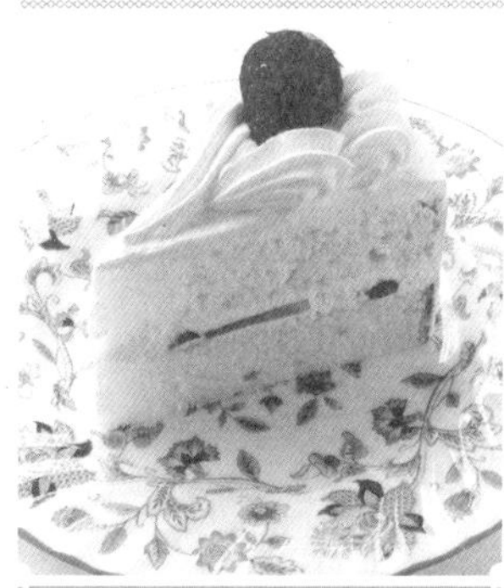

G線のショートケーキ 712円
創業以来続く看板メニュー。甘さ控えめのクリームとふわふわスポンジのシンプルな味わいがロングセラーの秘密

じーせん
G線

大山高原で育った牛のバターや北海道産小麦などの厳選素材を使用し、無添加の製法で作り上げる。G線のモンブラン702円やホワイトベリー669円など、長年続くメニューが多い。
☎078-241-1101 住神戸市中央区神若通7-2-7 ⏰9時30分～18時30分 休水曜 交JR三ノ宮駅から徒歩15分 P5台 MAP付録P6F2

店内にはカフェも併設

元町

絶品ジャムで知られる
名店の可憐なスイーツ

サンベリーナ 620円
ホワイトチョコとラズベリーのムースにライチのジュレがアクセントになっている。さっぱりとした甘さの定番人気ケーキ

ぱてぃすりー あきと
パティスリー AKITO

淡路島産牛乳のミルクジャムが名物のパティスリー。ミルクジャムを使ったプリン580円のほか、素材を生かしたスイーツが人気。
☎078-332-3620 住神戸市中央区元町通3-17-6 ⏰10時30分～18時30分 休火曜（祝日の場合は翌日）交JR元町駅から徒歩5分 Pなし MAP付録P11A1

ナチュラルな雰囲気の広々としたカフェ

「MOTOMACHI CAKE」の「ざくろ」は、形が果物のザクロに似ていることから名前がつきました。

有名スイーツ店の本店で限定メニューをいただきます

全国的に名を知られる神戸スイーツ。その原点である本店の限定メニューは必食です。ここだけの品揃えやおしゃれなインテリアにも注目を。

1神戸元町本店限定特製ショートケーキは大満足のボリューム 2サロンを併設しているのは関西では本店のみ 3元町商店街に立つ本店は重厚感のある店構え

元町

ゆーはいむこうべもとまちほんてん

ユーハイム神戸元町本店

明治42年(1909)創業。1階がショップ、2階がサロン。6段のショートケーキのほか、マイスターの手焼きバウムクーヘンセット1300円～も人気。

☎078-333-6868 住神戸市中央区元町通1-4-13 ⏰11～19時(2階は～17時30分LO) 休水曜 交JR元町駅から徒歩3分 Pなし MAP P71

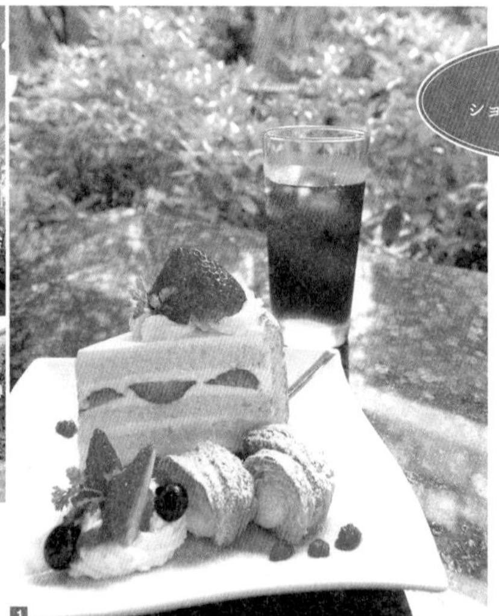

1クローネが付いたいちごのショートケーキセットは本店限定！ 2高級感のある調度品が配されている。テラスの緑がまぶしい 3老若男女問わずファンがいる人気店

御影

けーにひすくろーねほんてん

ケーニヒスクローネ本店

全国にファンをもつドイツ菓子店で、パイ生地にクリームを詰めた定番のクローネ、小豆や栗などの和素材を使ったケーキなど、充実の品揃え。庭の緑を眺められる洋館風のサロンで、イチゴをたっぷり使用したいちごのショートケーキセットを味わおう。

☎078-851-2832 住神戸市東灘区御影石町4-12-19 ⏰10～18時(イートインは～17時LO) 休1月1日 交阪急御影駅から徒歩15分 P3台 MAP 付録P14A2

駅からすぐ!の超有名店

ぷるんとなめらかなカスタードプリン357円でおなじみの「モロゾフ」。三宮センター街のさんプラザ1階にある神戸本店では、プリンのほか、焼きたてワッフルも味わえます。
☎078-391-8718 MAP付録P8D3

ドルチェお皿盛り 1540円

1カファレルを代表するジャンドゥーヤチョコレート 2カフェスペースで優雅なひとときを過ごしたい 3ショーケースから好きなケーキが選べるドルチェお皿盛り

トアロード

かふぁれる こうべきたのほんてん

Caffarel 神戸北野本店

イタリア発の老舗チョコレートブランドのカフェスペース併設店。看板商品のジャンドゥーヤチョコレートをはじめ、キュートなホイルチョコレートがずらり。同店限定のドルチェお皿盛りは、ジェラートやフルーツが添えられた特別なメニュー。

☎078-262-7850 住神戸市中央区山本通3-7-29神戸トアロードビル1階 ⏰11～18時(イートインは～17時LO) 休火曜(12～3月、GWは除く) 交JR元町駅から徒歩12分 Pなし MAP付録P7B2

クレープ・シュゼット 1320円

1目の前でフランベされるクレープ・シュゼットにファンが多い 2高級感たっぷりの洗練された店構え 3ハイセンスな空間でデザートが楽しめる

HENRI CHARPENTIER ASHIYA 1969

芦屋

あんり・しゃるぱんてぃえ あしやほんてん

アンリ・シャルパンティエ芦屋本店

昭和44年(1969)、本格的なデザートを提供する喫茶店として芦屋にオープン。併設のサロン・ド・テでは、創業当時から変わらぬ人気を誇る、オレンジが香るクレープ・シュゼットなど、趣向を凝らしたデザートが味わえる。

☎0797-31-2753 住芦屋市公光町7-10-101 ⏰10～20時(サロン・ド・テ11時～19時30分LO) 休1月1日 交阪神芦屋駅からすぐ Pなし MAP付録P14C2

芦屋や御影など、閑静な住宅街が広がる阪神間には地元の人々に愛されるハイレベルな洋菓子店が揃っています。

ふんわり焼きたてで幸せ時間 ご自慢パンでカフェタイム

おいしいパンは焼きたてをパクリと食べるのがいちばん!
パン自慢の店ならではのランチメニューに注目です。

本日のサンドウイッチランチ 1870円〜
ミートローフとメルティチーズのトーストサンド、塩鯖ソース、トマト、モッツァレラのカンパーニュサンド、サラダ、スープ付き。ドリンクは+330円(内容は変更の場合あり)

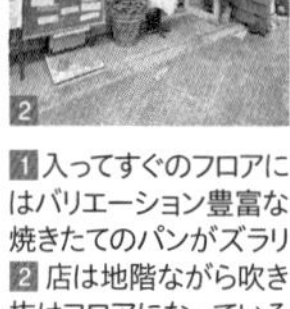

1 入ってすぐのフロアにはバリエーション豊富な焼きたてのパンがズラリ 2 店は地階ながら吹き抜けフロアになっているので陽光差す明るい雰囲気

三宮

こむ・しのわ ぶらんじぇりー・ぱてぃすりー・かふぇ

コム・シノワ ブランジェリー・パティスリー・カフェ

豊富なパンに思わず目移り!

店頭に並ぶパンの種類は1日約60以上で、多彩な味が楽しめる。サンドイッチなどベーカリーならではのランチメニューも豊富。

☎078-242-1506 住神戸市中央区御幸通7-1-15三宮ビル南館地下1階 ⌚8〜18時 休月・水曜(祝日の場合は翌日) 交JR三ノ宮駅から徒歩5分 Pなし MAP付録P8E4

新神戸

と一すたー

トースター

特注コッペパンで作るサンド

大阪の人気パン店「パンデュース」に特注するコッペパンを使ったサンドが食べられる。サンドは神戸の名店・グリル一平伝授のハンバーグやあんバターなど全7種。

☎090-6063-1486 住神戸市中央区熊内町4-8-8 ⌚9時30分〜16時(金曜は月1日配達営業あり) 休日・月曜 交地下鉄新神戸駅から徒歩3分 Pなし MAP付録P6F1

キャベツたまご 450円
千切りキャベツをふっくら玉子焼で包んで、軽く焼いたコッペパンにサンド。デミソースがアクセント。紅茶500円もどうぞ

おすすめの席は、調理の音が心地よいカウンター

ホテル伝統の
フレンチトースト

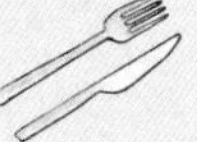

ホテルオークラ神戸カフェレストラン「カメリア」のフレンチトーストセット2028円(サ別)は、ホテルオークラ伝統メニュー。
☎078-333-3522 🕒10～21時
MAP付録P12F2

西元町
かふぇ よむ ぱん
cafe yom pan

野菜たっぷりでヘルシー

人気のフォカッチャサンドのセットは、5種類のフォカッチャのなかから1つ選ぶことができる。終日提供しているのがうれしい。

☎078-371-1289 住神戸市中央区北長狭通7-1-14 🕒9時30分～16時50分LO 休日曜 交阪急花隈駅から徒歩5分 Pなし MAP付録P5B2

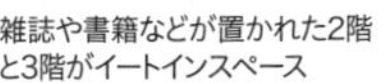
雑誌や書籍などが置かれた2階と3階がイートインスペース

フォカッチャサンドのセット 700円～
フォカッチャサンドとサラダ、ドリンク、ヨーグルト、小さなお菓子のセット

高速神戸
ぷらす どぅ ぱすと
Place de Pasto

マルシェのような気分を満喫

水色の扉を開けると、南仏の市場をイメージしたおしゃれな空間が広がる。定番パンのほか、ラタトゥイユやクレーム・ブリュレなどの多彩なパンが揃う。

☎078-371-3403 住神戸市中央区橘通3-1-1西門ビル1階 🕒9～18時 休月～水曜 交JR神戸駅から徒歩5分 Pなし MAP付録P5A3

雑貨店を思わせるナチュラルでかわいい店

フレンチ総菜のプレート 1200円～
自家製パテ・ド・カンパーニュやオリーブなど、パンと相性ぴったりの惣菜が5～6種類入ったセット

西元町
ろんぽわん
rond point

名物スープをぜひ！

神戸・大開にある人気ベーカリーの姉妹店。本店から届く焼きたてパンをショップでもカフェでも楽しめる。牛骨・豚骨を3日間煮込んだボーンブロススープは必食。

☎080-3809-5806 住神戸市中央区相生町1-1-16クロエビル1階 🕒10～19時 休日・月曜 交JR神戸駅から徒歩5分 Pなし MAP付録P13C1

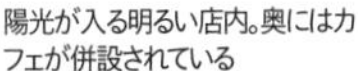
陽光が入る明るい店内。奥にはカフェが併設されている

クロックムッシュセット 1430円
人気食パンに自家製ベシャメル、野菜やキノコをサンド。ミニスープ、ハニーナッツ付き。

元町
ぽーる こうべもとまちてん
PAUL 神戸元町店

本場の味をそのままお届け

フランスの老舗ベーカリーから誕生したレシピを受け継ぐ。フランス産小麦を使用する昔ながらの製法の食事パン、フランスで成形・冷凍し輸入したクロワッサンなど豊富に取り揃えている。

☎078-334-7665 住神戸市中央区元町通3-9-8パルパローレ1階 🕒9～18時（土・日曜、祝日10時～）休無休 交JR元町駅から徒歩5分 Pなし MAP付録P11A1

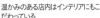

温かみのある店内はインテリアにもこだわっている

クロワッサン(手前) 356円など
発酵バター使用のサクサク食感が人気。アンシェン・ポール1/2 313円もおすすめ

「コム・シノワ ブランジェリー・パティスリー・カフェ」はパンだけでなくケーキも絶品。季節ごとのケーキがショーケースに並びます。

わざわざ買いにいきたい！あれもこれもお持ち帰りパン

お腹を満たすおかずパンから、スイーツのような甘いパンまで、神戸には気になるパンがたくさん。ついつい足を運んでしまう、おいしい魅力あるパンがいっぱいです。

すらりと長〜い
店いちばんの
人気パン
甘く煮込んだ
牛すじ煮込みカレー。
これ以外にもカレーパンの
種類が豊富！

トレロン 820円
ソフトフランス生地に粗びきソーセージが入った、全長75cmのパン

牛すじ煮込みカレー 270円
神戸長田名物・牛すじをトロトロになるまで煮込み、なめらかなカレーに

元町

いすずべーかりー もとまちてん

イスズベーカリー 元町店

昭和21年(1946)創業の老舗ベーカリー。神戸マイスターに選ばれたパン職人が伝統の味を守る。イーストを長時間熟成させた飽きのこない味わいが、地元客に愛され続けている。

☎078-393-4180 住神戸市中央区元町通1-11-18 ⏰8～21時 休無休 交JR元町駅からすぐ Pなし MAP付録P9B3

多彩なパンがずらり

芦屋

びごのみせ ほんてん

ビゴの店 本店

日本にフランスパンを紹介したフィリップ・ビゴ氏の店。手間ひまかけて作られるパンは、自慢のハード系から焼き菓子、ケーキなどさまざまな種類が揃う。

☎0797-22-5137 住芦屋市業平町6-16 ⏰9～20時 休月曜（祝日の場合は翌日）交JR芦屋駅から徒歩5分 P契約駐車場利用 MAP付録P14C2

PÂTISSERIE BOULANGERIE
創業50年を超える本店。惣菜パンなど約40種が並ぶ

これが元祖！
フランスパンならこれ

バタール 356円
不動の人気を誇る。皮はパリッと香ばしく、噛むほどに味わいが増す

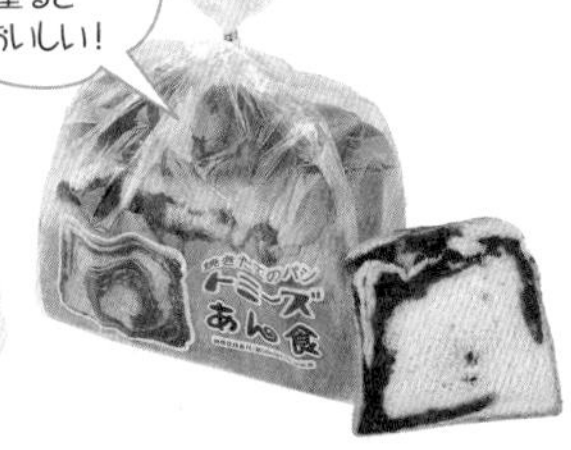
トーストしてから
バターを塗ると
いっそうおいしい！
焼きたてのパン
トミーズ
あん食

あん食 750円
生クリーム入りのクリーミーな生地の中には、北海道産小豆のつぶ餡がたっぷり入る

三宮

とみーずさんのみやてん

トミーズ三宮店

昭和52年（1977）創業。三宮店をはじめ、神戸で4店舗を展開する人気店。看板商品のあん食のほか、コロッケが入ったボリュームある惣菜パンやサンドイッチなど種類豊富。

☎078-333-8820 住神戸市中央区北長狭通1-31高架下35 ⏰8～18時 休無休 交阪急神戸三宮駅からすぐ Pなし MAP付録P8D3

トミーズ
対面販売でレトロな雰囲気

リピート続出！
ベーカリーの進化形

「パンやきどころ RIKI」は東京から通うファンもいるベーカリーの名店。コルネ320円は、自家製カスタード&生クリームを注文を受けてからデニッシュに詰めるからザクッと食感！
☎078-392-8585 MAP P70

三宮
けるんさんのみやてん
ケルン三宮店

気取らない"町のパン屋さん"という雰囲気で、惣菜系からスイーツ系までとにかく種類豊富。神戸っ子におなじみのチョコッペ、バタッペ各226円も健在。

☎078-945-7009 住神戸市中央区北長狭通1-2-13ニューリッチビル1階 ⏰9～22時 休無休 交阪急神戸三宮駅からすぐ Pなし MAP付録P8D2

地元で愛されるベーカリー

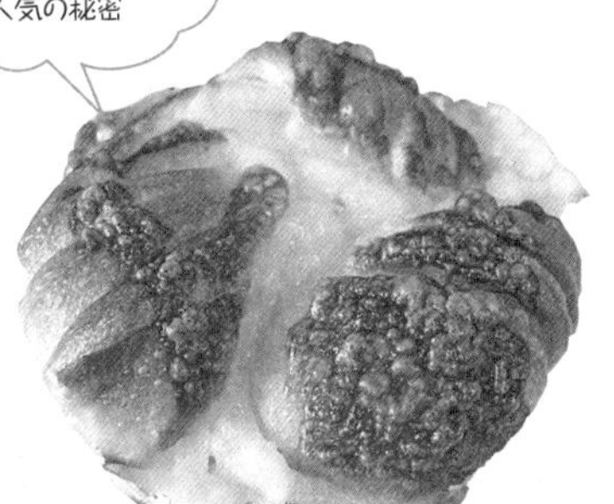

クロワッサンチーズベーグル
237円
外はパリパリ、中はモチモチの新食感が楽しめる人気商品

大人にうれしい甘さの
フランス伝統菓子

クイニーアマン
220円
キャラメリゼした表面は甘さとほろ苦さがマッチ。カリカリ食感も◎

栄町
ぶらんじゅり ら りゅんぬ
Boulangerie la lune

フランスでも修業を積んだという女性店主が、丁寧に焼いているパンは、粉の味をしっかり引き出した奥深い味わい。どれもじっくり噛みしめて味わいたいものばかり。

☎078-341-2018 住神戸市中央区栄町通4-3-12 ⏰10～19時 休水～金曜 交地下鉄みなと元町駅から徒歩1分 Pなし MAP付録P12E1

パンが並ぶ様子が見える

岡本
ふろいんどう
フロイン堂

昭和7年(1932)にフロインドリーブ (☞P16) の支店として開業。生地の仕込みから成形、レンガ窯の予熱を使った焼き上げまで、創業当時から変わらない製法を守り続けている。予約がベター。

☎078-411-6686 住神戸市東灘区岡本1-11-23 ⏰9～18時 休日曜､祝日､第1･3･5水曜 交阪急岡本駅からすぐ Pなし MAP付録P14A3

店内は対面販売になっている

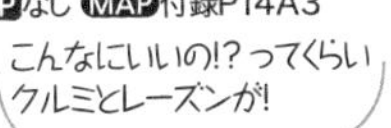

こんなにいいの!?ってくらい
クルミとレーズンが!

田舎パン
780円
カリッと焼いたパンの中にレーズンとクルミが入っている

気に入ったパンを買っておいて、次の日ホテルの部屋で朝食として楽しむのもおすすめです。

歴史を物語るたたずまい 街に香りたつ老舗の純喫茶

神戸の街歩きのお楽しみの一つが、喫茶店でのひととき。
永年人々に愛されてきた一杯を前に、きっと会話も弾みます。

北野

きたのざかにしむらこーひーてん

北野坂にしむら珈琲店

神戸喫茶文化の代表格。ツタの絡まる外観に風格漂う北野坂店は、元会員制とあって、邸宅風のしつらえに重厚なアンティーク家具が今も優雅な趣を漂わせる。自慢のコーヒーは灘の宮水を使用、豆は各国指定農家から仕入れる1年熟成もので、上品なコクが香りたつ逸品。

☎078-242-2467 住神戸市中央区山本通2-1-20 ⏰10～22時 休最終月曜 交JR三ノ宮駅から徒歩9分 Pなし MAP付録P7C2

喫茶 history

昭和49年（1974）、日本初の会員制喫茶として開業。このクラシックな鍵が会員証の代わり

会員限定の社交場だった老舗喫茶店

フォトジェニックなエントランスにうっとり！

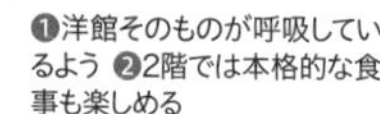

❶洋館そのものが呼吸しているよう ❷2階では本格的な食事も楽しめる

「Secession Konditoratelier」のケーキ・フレジェ+にしむらブレンドのセット1550円

元町

えびあん

エビアン

神戸初のカフェバーとして、昭和27年（1952）元町の駅近くに誕生。サイフォン式を関西で初めて取り入れた店として有名。創業来の自家焙煎の技を、現在2代目が受け継ぎ守っている。モカを中心に5種類をブレンドしたコーヒーはマイルドな味わい。豆も量り売りで購入できる。

☎078-331-3265 住神戸市中央区元町通1-7-2 ⏰8時30分～18時30分 休第1・3水曜 交JR元町駅から徒歩3分 Pなし MAP付録P9B4

数々の「神戸初」を冠に変わらぬ味とたたずまい

ミネラル水を炭で濾過して点てる本格派のコーヒーは、500円。手作りケーキセット800円、サンドイッチセット700円

コーヒーのおともに

❶指定農場の卵や牛乳を使ったプリン500円 ❷椅子と机は「神戸家具」の特注品

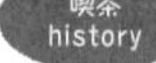

喫茶 history

カップやコースターのロゴマークは先代自ら考案。コーヒーを運ぶ姿をイメージしたもの

老舗の香りと味を
家にお持ち帰り！

おいしいお店のコーヒーを自宅でも飲みたい！「にしむら珈琲店」全店で買える、レトロな真空缶に入った荒挽き豆。豆の挽き売りもあり、ツウの人へのおみやげにも喜ばれます。オリジナルブレンド1800円～。

三宮
あかねやこーひーてん
茜屋珈琲店

昭和41年（1966）オープン当時から、その高級感と高ホスピタリティで話題を呼んだ。カップは国内外から200客近くを収集、お客の雰囲気を見て選んでくれる。ドリップで1杯ずつ丁寧にコーヒーを淹れる、その真剣な所作はさすがの風格。

☎078-331-8884 住神戸市中央区北長狭通1-9-4 🕒12時～21時30分LO 休不定休 交阪急神戸三宮駅からすぐ Pなし MAP付録P8D3

名器で味わう至福の一杯を
クラシック音楽とともに

高級カップがずらり！

大倉陶園やマイセンなど名品のオンパレード

元祖・炭火焙煎「萩原珈琲」の豆を贅沢に使用。雑味のない味わいの特製ブレンド800円。注文ごとに豆を挽く

じっくり焼き上げられたホットケーキとコーヒーのセット1000円

元町商店街の老舗！

年季を感じさせる、木の温かみあふれる店内

変わらない味を
レトロな空間で

元町
もとまちさんとす
元町サントス

朝早くから常連客を迎え賑わう店。創業昭和35年（1960）以来の専用機「アン」でネルドリップするコーヒーは、コクがあり香り高い。名物の自家製ホットケーキは鉄板で焼き上げられ、ボリュームがあり、素朴な味で幅広い人気。

☎078-331-1079 住神戸市中央区元町通2-3-12 🕒8～19時 休木曜 交JR元町駅から徒歩2分 Pなし MAP P70

トアウエスト
もとまちきっさ
モトマチ喫茶

“古き良き喫茶店”を再現した店内は、昭和30～40年代のインテリアが配され、昔懐かしい雰囲気が漂う。マスターが集めたコーヒーカップもレトロでかわいらしい。

☎078-778-0727 住神戸市中央区北長狭通3-9-7 🕒12時～18時30分（18時LO）休月曜（祝日の場合は翌日）交JR元町駅から徒歩5分 Pなし MAP付録P9B2

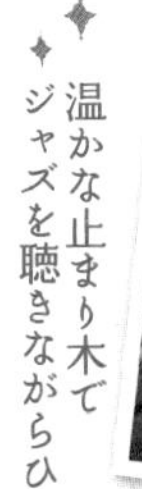

温かな止まり木で
ジャズを聴きながらひと休み

昭和の喫茶店を受け継いだレトロな店内

苦みがありつつ飲み口スッキリなブレンド580円と、相性抜群な自家製カスタードプリン300円

中山手通にある「にしむら珈琲 中山手本店」は昭和23年（1948）創業、日本で初めて豆の挽き売りを行ったお店です。MAP付録P8D1

ティーカップ片手にスイーツを！
個性あふれる人気の紅茶店

神戸には紅茶好きの人が多く、世界各地から買い付けたこだわりの紅茶が集まる街。本格派の専門店や気軽なティースタンドから、お気に入りの一杯を探しましょう。

三宮

ゆにこーん

UNICORN

紅茶エスプレッソで味わう
超濃厚アッサム

紅茶だけでなく、コーヒーもエスプレッソにこだわるエスプレッソ専門店。ミルクティーに向いているアッサム茶葉の粉末をマシンで抽出するティーエスプレッソは、香り高く濃厚。オレンジジュースと合わせたり、水で割ってアメリカーノにしたりと多彩なアレンジメニューが楽しめる。

☎078-381-9088 住神戸市中央区三宮町2-8-6 ⌚9～20時（土・日曜、祝日10時～）休不定休 交JR三ノ宮駅から徒歩8分 Pなし MAP付録P9C3

カジュアルで心地よい店内

ティーソーダS（ICE）600円
強炭酸ソーダに紅茶エスプレッソを注ぐときれいな2層に。シロップ抜きも可

紅茶のアフォガート 700円
バニラアイスに熱い紅茶エスプレッソをかけたスイーツ。アイスに負けない濃い紅茶味

ティーラテS（HOT）600円
アッサムベースの紅茶エスプレッソにスチームミルクをたっぷり。紅茶の風味が豊か

カジュアルで心地よい店内

クリームティー 1650円
オリジナルのセイロンブレンドティーと、2種のスコーン・焼き菓子の日替わりプレートのセット

西元町

てぃーるーむ ここ.

Tearoom CoCo.

イギリス・フランスの
ブランド紅茶を楽しむ

約50種もの茶葉はイギリスやフランスで買い付けている。カップは店内の棚から好きなものを選べるのでお気に入りの一客を探そう。

☎078-371-0180 住神戸市中央区北長狭通7-3-7 ⌚11～17時 休日曜、第1月曜 交阪急花隈駅・阪神西元町駅から徒歩5分 Pなし MAP付録P5B2

どうして神戸で紅茶が人気？

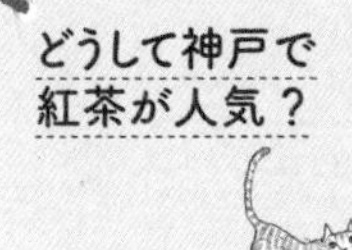

日本の紅茶文化は、神戸港から全国へ広まりました。ヨーロッパとの貿易のなかで喫茶文化とともに紅茶や洋風の食文化が受け入れられ、現在も神戸は一世帯あたりの紅茶の消費額・量が全国トップクラス。紅茶店はハイレベルな本格派が揃います。

西元町

しゅがー すぷーん

Sugar Spoon

英国帰りの店主お手製本場仕込みのお菓子

西宮のティーインストラクター「スシーラ・ティー」によるオリジナルブレンドを楽しめる。アフタヌーンティーはアンティーク家具に囲まれて、自分で選んだ器で楽しめる。2階のショップではイギリス菓子が販売されているのでおみやげにおすすめ。

☎078-351-6688 住神戸市中央区相生町1-1-15カーサルチェビル2・3階 ⏰11時30分～15時LO 休月～木曜 交JR神戸駅から徒歩5分 Pなし MAP付録P13C1

貸切の個室でティータイム

アフタヌーンティーセット 1人3500円（2～5名）
スコーン、カップケーキに「スシーラ・ティー」の紅茶を合わせて。料金は部屋の使用料含む。2日前までに要予約

三宮

てぃー るーむ まひしゃ

tea room mahisa

ミルクティーがおいしい老舗の紅茶専門店

産地ごとに個性が違う約20種の紅茶を揃える有名店。ミルクティーをはじめ、ストレート、チャイなど茶葉に合わせた飲み方が楽しめる。

☎078-333-7451 住神戸市中央区下山手通2-1-12エイコービル地下1階 ⏰13～22時 休無休 交JR三ノ宮駅から徒歩3分 Pなし MAP付録P9C2

スコーン 780円（上）
アッサム 820円（下）
30年間続く定番のスコーンと、ミルクたっぷりの芳醇なアッサムをともに

三宮

あんど あーる ぐれい こうべほんてん

& EARL GREY KOBE本店

飲むだけじゃない専門店のアールグレイ

天然香料を使ったアールグレイ専門店。紅茶はもちろん、後口のいい、香るティージェラートも人気が高い。

☎078-891-3361 住神戸市中央区磯上通8-1-10 ⏰11～18時 休火曜 交JR三ノ宮駅から徒歩7分 Pなし MAP付録P8E4

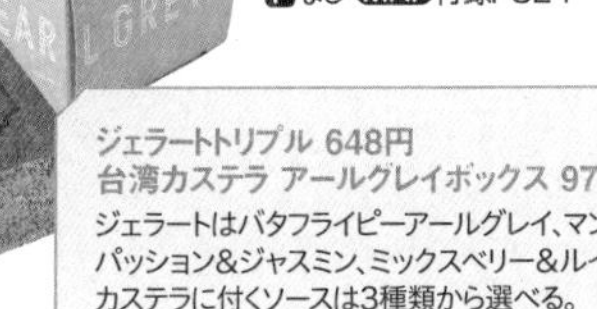

ジェラートトリプル 648円
台湾カステラ アールグレイボックス 972円
ジェラートはバタフライピーアールグレイ、マンゴーパッション&ジャスミン、ミックスベリー&ルイボス カステラに付くソースは3種類から選べる。

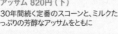

「tea room mahisa」では通常の2倍の茶葉を使ったティーバッグの「アッサムストロング」10パック入950円を販売しています。

港町の歴史が育む変わらない味、洋食屋さんのザ・スタンダード

神戸っ子の味覚を育て、技を受け継ぎ守る、老舗洋食店の数々。
長い歴史のなかで工夫を重ね、「神戸の味」となった名皿の数々をご紹介。

ハンバーグ サラダ付き 1900円
上質の肉を細かくミンチしたものを薄く焼き上げる。肉汁したたる歯ごたえ十分の逸品

幼いころからお店を手伝っていたオーナー・山本憲吾さん

三宮

ぐりるいっぺい さんのみやてん

グリル一平 三宮店

新開地発の老舗の4代目が三宮に開いた確かな味

下町洋食の激戦区・新開地で70年以上支持されている人気店の支店。自慢のデミグラスソースは、糖度の高い淡路産タマネギをじっくりソテー。甘みと苦みが凝縮されコク深い。

☎078-252-2527 住神戸市中央区琴ノ緒町5-5-26 ⏰11～15時、17時～20時30分 休水曜 交JR三ノ宮駅から徒歩3分 Pなし MAP付録P8F2

オムライス1000円もぜひ。カジュアルな店内でどうぞ

◆予算目安
昼1人1000円～
夜1人1500円～

名物とんかつ 1820円
パン粉からソースまですべて自家製。ヒレ肉のスジを切り分けるひと手間を加えることで、やわらかく食感軽やかに

永年勤続の日笠尚子さん。「2代3代と通うお客様もおられます」

三宮

おうふうりょうりもん

欧風料理もん

神戸洋食のレトロな文化の薫るお店

創業80余年、重厚な趣漂うお店。オムライスからステーキまで定番の洋食メニューはいずれも素材を厳選、変わらない味を提供する。普段にもハレの日使いにも幅広く対応、ほとんどのメニューがテイクアウトOKなのもうれしい。

☎078-331-0372 住神戸市中央区北長狭通2-12-12 ⏰11時～20時45分LO 休月曜不定休 交JR三ノ宮駅から徒歩3分 Pなし MAP付録P9C3

1階はカウンター＋テーブル。上階ではすき焼やしゃぶしゃぶも味わえる

◆予算目安
昼・夜1人1000円～

もはや食堂！
絶品ごはんの
北野カフェ

充実の定食や一品料理とケーキが自慢の「のわのわカフェ」。自家製デミがたっぷりかかったオムライス900円は、トロトロふわふわの本格派。店内ではかわいいインコたちもお出迎え。
☎078-584-3568 MAP付録P6D3

週替わりのランチコースは2860円～

タンシチュー 3850円
じっくり煮込んだシチューは、分厚いタンのうま味とソースの芳醇な風味が重層的に迫る。ディナーコース6930円

南京町
いとうぐりる
伊藤グリル

外洋船仕込みの濃厚なシチュー料理に舌鼓

大正12年(1923)創業、初代が外洋客船で学んだ本格洋食を受け継ぐ。大きな和牛タンのシチューは、濃厚な肉のうま味とコク、とろける口当たりが絶品。

☎078-331-2818 住神戸市中央区元町通1-6-6 ⏰11時30分～13時30分LO、17時30分～20時LO 休水曜、火曜不定休 交JR元町駅から徒歩5分 Pなし MAP P71

◆予算目安
昼1人3000円～
夜1人6000円～

ごちそう気分を盛り上げるクラシカルな店内

店主・上川真也さん(左)らが腕をふるう

カツハイシライス 1170円
濃厚なデミグラスソースに絡むタマネギのとろりとした甘みと、さくさくトンカツがベストマッチ

三宮
ぐりるきんぷら
グリル金プラ

手間ひまかけたソースが自慢のメニュー

新開地発、創業80年来受け継がれる洋食は、万人に愛される昔ながらの味。カツハイシライスをはじめ、自慢のデミグラスソースを使ったメニューは必食。

☎078-392-4777 住神戸市中央区三宮町1-9-1センタープラザ東館地下1階 ⏰11時30分～15時LO 休月曜 交JR三ノ宮駅から徒歩5分 Pなし MAP付録P8D3

◆予算目安
昼・夜
1人1000円～

厨房が目の前のカウンター席もおすすめ

地元客から観光客まで客層は幅広い

ビフカツ 1800円
やわらかい赤身ヒレ肉をミディアムレアに。スジ肉と香味野菜、果物をじっくり煮込んだ甘めのソースと相性抜群

西元町
ようしょくのあさひ
洋食の朝日

足繁く通う地元客から遠来のリピーターまで

家庭的な雰囲気で迎える一軒。一番人気のビフカツやオムライス、ハンバーグなど、どのメニューもハズレなし。常連が口を揃える「ご飯がおいしい」も大きな魅力。店内禁煙。

☎078-341-5117 住神戸市中央区下山手通8-7-7 ⏰11～15時 休土・日曜 交JR神戸駅から徒歩10分 Pなし MAP付録P5B2

◆予算目安
昼
1人1000円～

昭和40年（1965）創業、家族で営む老舗

神戸に洋食をいち早く持ち込んだのは、外洋客船に乗り組んでいたコックさんたち。港町ならではの味がここから生まれ育ったのです。

最上級のごちそうを手軽に！ランチで味わう神戸牛

和牛ブランドの最高位に輝く神戸牛は、とろける脂の甘みとジューシーな味わいが格別。お得に堪能できるランチを集めました。

三宮

すみやきすてーき きたやま

炭焼すてーき きた山

肉のうま味を閉じこめる炭火焼

極上の神戸牛を炭火焼で味わえる。自慢の窯は、50年以上使い込まれた特注のもの。紀州備長炭で一気に焼き上げる肉は、余分な脂が落ちてうま味が凝縮され、炭の香ばしさもおいしさを盛り上げる。分厚いカットで食べごたえ抜群、口に入れると肉汁があふれ出すミディアムレアがおすすめ。セットの特製ボルシチ風スープも人気。

☎078-392-3977 住神戸市中央区加納町4-7-11パレ北野坂2階 ⏰11時30分～13時45分LO、17～21時LO 休月曜（祝日の場合は翌日） 交JR三ノ宮駅から徒歩5分 Pなし MAP付録P8E1

コレがセット

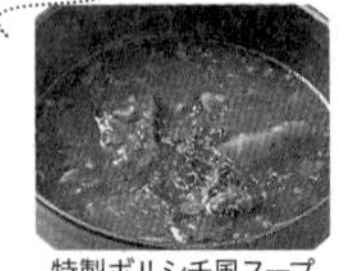

特製ボルシチ風スープ

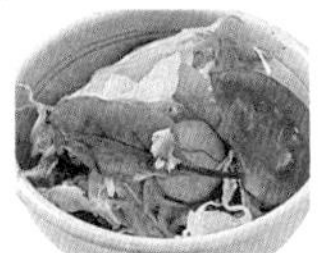

グリーンサラダ

お漬物

ご飯（またはパン）

店内はカジュアルで家庭的な雰囲気

炭焼き神戸ビーフフィレステーキランチ 100g 9790円～

厳選の神戸牛フィレは、塩こしょうのみでシンプルに味わう。肉のうま味がダイレクトに

お昼の和黒コース 8613円

神戸牛ロース140gを使用。焼き野菜、スープ、サラダ、ご飯、デザート、コーヒー付き

スタイリッシュな空間も◎

新神戸

あぶりにくこうぼうわっこく しんこうべてん

あぶり肉工房和黒 新神戸店

創業30余年の確かな目利きと技

神戸の玄関口・新神戸駅直結。極上の兵庫県産但馬牛三田牛神戸肉を、熟練シェフが目の前で炙るように焼き上げる。天然粗塩、特製タレで召し上がれ。

☎078-262-2838 住神戸市中央区北野町1-1コトノハコ神戸3階 ⏰11時45分～21時LO（ランチは～15時） 休火曜 交地下鉄新神戸駅からすぐ P提携駐車場利用 MAP付録P6F1

目の前でライブ感を楽しむ鉄板焼屋台

ステーキハウスが手がける屋台店「神戸牛 吉祥吉 南京町店」では、神戸牛ステーキがテイクアウト可能。注文ごとに目の前の鉄板で仕上げてくれる(☞P78)。

三宮

もーりや さんのみやてん

モーリヤ 三宮店

熟練の鉄板技も目のごちそう

明治18年（1885）から神戸牛を扱う老舗。A5ランクの神戸牛やモーリヤ厳選牛を、特注の鉄板で六面焼きに。肉のうま味を味わって。

☎078-321-1990 住神戸市中央区北長狭通1-9-9第一岸ビル3階 ⏲11～21時LO 休不定休 交JR三ノ宮駅から徒歩3分 Pなし MAP付録P8D3

モーリャ極上厳選牛サーロイン130g ステーキランチ 8850円

スープ、サラダ、焼き野菜、パンまたはライス、香の物、コーヒーまたは紅茶が付く

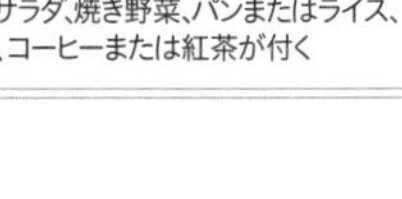

全席がカウンター席

神戸牛丼（並）2860円（＋玉子110円）

霜降りの肩ロースをすき焼き風に甘辛く煮て仕上げた丼。とろけるような食感を丼で豪快に！

カウンター10席なのでお早目に

北野

こうべぎゅうどん ひろしげ

神戸牛丼 広重

お手頃価格のとろける牛丼

メニューは神戸牛丼一択。丼はすべて注文後に調理され、大ぶりにカットされた神戸牛の食感やうま味はやみつき必至。大人気なので順番待ちもしばしば。

☎078-222-6611 住神戸市中央区中山手通1-22-21 ⏲11～15時、18～22時（売り切れ次第閉店）休水曜 交JR三ノ宮駅から徒歩7分 Pなし MAP付録P7C3

トアウエスト

こうべすてーき さいだいにんぐ

神戸ステーキ 彩ダイニング

おもてなし空間で霜降り和牛を

A5等級の神戸牛や野菜ソムリエ厳選の野菜など、こだわりぬいた素材を堪能できる。口の中でとろける圧倒的なおいしさで、贅沢な時間を演出してくれるため、誕生日や記念日などにもおすすめ。

☎078-331-5638 住神戸市中央区下山手通3-1-9コスモビル地下1階 ⏲11時30分～15時30分（入店は～14時）、17～23時（入店は～21時）休無休 交JR元町駅から徒歩4分 Pなし MAP付録P9B2

厳選神戸牛ステーキ Aコース（80g）6050円

神戸牛ステーキ、ポタージュ、サラダ、焼き野菜、ご飯orパン、コーヒー or紅茶付き

目の前で焼き上げる様子を見られるカウンター席

世界に誇る和牛ブランド・神戸牛は細かな霜降りが特徴。とろける脂の甘みとやわらかな肉質で、松阪牛や近江牛のルーツともいわれます。

神戸の中国料理の実力店でハズせない美味をいただきます

洋食と並び、港町で大きく花開いた中国料理の食文化。
大勢で取り分けて食べたい、卓上華やかな逸品はこちらです。

ご飯もの

肉めし 850円
白米にホウレンソウや豚バラがのり、きくらげのコリコリした食感がアクセント

麺もの

チャンポン 850円
エビやイカのほか野菜をふんだんに使用。塩あんかけが中細ストレート麺によく絡む

野菜や肉たっぷり
ボリューム満点!

元町

さんのみやいっかんろう ほんてん

三宮一貫楼 本店

昭和29年（1954）創業、大衆中華を代表する老舗。"街の食堂"という雰囲気とお手頃価格が魅力で、平日は地元の客、休日は観光客で賑わう。豚まん1個230円～は、ジューシーな豚肉と新鮮なタマネギがぎっしり詰まった看板メニュー。ひとつひとつ手作りしている。

☎078-331-1974 住神戸市中央区三宮町3-9-9 ⏰11時～14時30分LO、17時～20時30分LO（テイクアウト10時30分～20時30分）休月・木曜（テイクアウトは木曜）交JR元町駅からすぐ Pなし MAP付録P9B3

ランチタイムには広い店内がいつも満席になる

うま味の染み込んだ
トロトロ中国粥を味わう

お粥

中華粥（鯛）
1320円
具は貝柱や牛肉、エビなど豊富。ごま油の風味と香草で食欲倍増

点心

手作り焼売
4個880円
（持ち帰りOK）
下味付きの豚のやわらかい胸肉を叩いたもので弾力がありジューシー

デザート

卵のあんまん
2個550円
（持ち帰りOK）
カスタードと卵を練り込んだ餡を自家製生地で包んだおまんじゅう

元町

しんしん

杏杏

深いコクと食べごたえたっぷりの中国粥が名物。うまさの秘密は上湯（しゃんたん）という甘みのある老鶏ガラスープと、じっくり長時間炊き上げたお米。トッピングは魚の刺身、ピータン、牛肉などを選べる。一緒にネギしょうが麺や煮込み料理など手の込んだ小皿もぜひ。

☎078-322-3339 住神戸市中央区下山手通4-13-14 ⏰11時30分～13時30分、17時～20時30分 休日曜、第3月曜 交JR元町駅から徒歩8分 Pなし MAP付録P9A1

店主・呉さんが迎えるカウンターは連日盛況!

麺もの

三鮮炒麺
2090円
3種の魚介と青野菜を炒め、毎日仕込むスープであんかけに

ご飯もの

小海老の卵とじかけご飯
1540円
エビを絡めたふわとろ玉子と白ご飯で、しっかりと味わえる一皿

元町

こうべもとまちべっかんぼたんえん

神戸元町別館牡丹園

オイスターソースから自然発酵させた天ぷら衣まですべて自家製。海鮮、肉類、スープ、麺など充実の皿数で、地元華僑も納得の味を提供する。

☎078-331-5790 住神戸市中央区元町通1-11-3 時11時～14時30分LO、17～20時LO 休水曜（祝日の場合は翌日）交JR元町駅から徒歩3分 Pなし MAP付録P9B4

ユニークな看板は初代店主・王さんがモデル

神戸広東料理の定石店
ハイレベルな定番が多数

元町

ゆんきー

圓記

本格点心とお粥の専門店。腕利きの点心師が作る点心は、本場そのままの味が楽しめると好評。香港路地を思わせる店のたたずまいで、リアルな香港が味わえる。

☎078-325-1696 住神戸市中央区下山手通3-4-5 時11時30分～14時LO、17～20時LO 休月・火曜 交JR元町駅から徒歩5分 Pなし MAP付録P9B2

一人でも利用しやすい雰囲気

本場の味わいを
気軽に楽しめる

点心

香港風ピロシキ
3個750円
カリッと揚げた皮の中には、皮の甘さと絶妙にマッチする鶏肉やシイタケの具材が入る

点心

海老餃子
3個900円
プリッとはじけるようなエビの食感とうま味が凝縮。そのままでもおいしい

揚げ物

名物イカ天
小1980円
「民生 廣東料理店」から受け継いだ名物。生食用のイカを揚げてからし醤油で

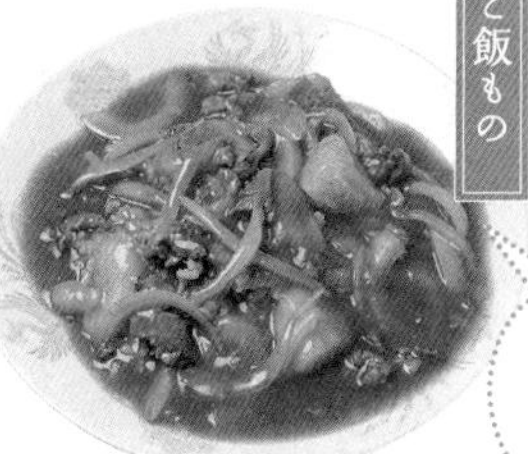

ご飯もの

中華カレー
1人前 840円
中華だしとタマネギの甘みが絶妙。注文を受けてから中華鍋で調理

元町

こうびえん

香美園

南京町の名門「民生 廣東料理店」（☞P73）の姉妹店。メニューは、庶民派ながらどれもがハイクオリティ。鶏ガラと豚骨スープを効かせた中華だしが決め手のカレーは必食。

☎078-391-4015 住神戸市中央区元町通3-16-2 時11時～14時30分、17～20時LO 休月曜（祝日の場合は翌日）交JR元町駅から徒歩5分 Pなし MAP付録P11A1

黄色いテントで懐かしい昔ながらの食堂風

中華だしとカレーの
ベストマッチ！

本格中国料理を自宅でもというこtならば、まずは調味料から。南京町などの中国食材店では、本場直輸入やオリジナルのものも揃います。

その価値、1000万ドル 山に海にきらめく夜景グルメ

夕闇とともに浮かび上がる、色とりどりの光の洪水。
市街地から足を延ばして、別世界の風景と食事を楽しみませんか。

テーブル席、カウンター席、テラス席がある店内

摩耶

まやびゅーてらすななまるに

摩耶ビューテラス702

絶景ポイントでひと休み

「星を掬えそう」な夜景が広がる摩耶山掬星台にあるテラスで、カフェでは軽食やコーヒーが堪能できる。摩耶山観光に関するインフォメーションセンターやバーベキューテラスもある。

☎078-806-3051 住神戸市灘区摩耶山町2-2 ⏰11～17時（金～日曜、祝日および夏期は～20時）休火曜（祝日の場合は翌日）交JR三ノ宮駅前から市バス18系統で25分、摩耶ケーブル駅下車、まやビューライン夢散歩（ケーブル+ロープウェー）で25分、星の駅下車すぐ P摩耶山天上寺前駐車場利用 MAP付録P3C3

いちばん人気は窓側席

カレーライス800円など気軽なメニューが揃う

六甲山

ぐらにっとかふぇ

グラニットカフェ

夜景と楽しむ洋風料理

六甲ガーデンテラス内にあるカフェ。ボリュームたっぷりのカレーやハンバーグ、創作デザートなどの料理と夜景を楽しもう。

☎078-894-2112 住神戸市灘区六甲山町五介山1877-9 ⏰11～20時LO（11月下旬～3月中旬は短縮営業）休水曜 交六甲ケーブル六甲山上駅から六甲山上バスで10分、六甲ガーデンテラス下車すぐ P340台 MAP P121

六甲山やまみつオムカレー（スープ付き）2000円

Mountainside

光の演出が施された檜のフレーム越しに夜景を望む「自然体感展望台 六甲枝垂れ」

夜景SPOT

六甲山

ろっこうがーでんてらす

六甲ガーデンテラス

レジャーも充実の展望スポット

標高約880m、六甲山頂近くの複合施設にはダイナミックな夜景が広がるビュースポットが。展望レストランで絶景と食事を一緒に。

DATA→P120 MAP P121

自由に使えるベンチもあり、デートコースの定番。広場に面したレストランも人気

夜景SPOT

ハーバーランド

うみえ もざいく うみのひろば

umie モザイク 海の広場

絵画のような色と光の競演

多彩なレストランが並ぶ「モザイク」からは、対岸にさまざまなイルミネーションが彩るメリケンパークを一望。2階「海の広場」はウッドデッキのオープンテラスで、抜群の眺望を自由に満喫できる。DATA☞P102

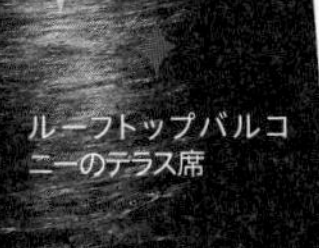

ルーフトップバルコニーのテラス席

メリケンパーク

ばー「びゅー ばー」

バー「VIEW BAR」

神戸の夜景に包まれる絶景のバー

ホテルの最上階にあるテラス席が人気のバー。観覧車や港町のイルミネーションを望める。旬の果物を使ったフレッシュフルーツカクテルをはじめ、多彩なお酒やフードを用意。

☎078-325-8110 住神戸市中央区波止場町5-6神戸メリケンパークオリエンタルホテル14階 ¥チャージ1100円 ⏰18時～23時30分LO 休無休 交JR元町駅から徒歩15分 P300台 MAP付録P12E4

フレッシュフルーツカクテルは1570円～(税サ込み)

冬はイルミネーションイベントと併せて!

column

1月下旬～2月上旬

こうべるみなりえ

神戸ルミナリエ

©Kobe Luminarie O·C·
※掲載の写真は2024年の作品です

神戸の冬を代表するイルミネーションイベント。阪神・淡路大震災の鎮魂と再生を願って始まったもので、アーティスティックな光の彫刻作品が街を染め上げる。

☎078-230-1001(神戸ルミナリエ組織委員会事務局) 交JR・阪神元町駅から徒歩7分(混雑状況により変動あり) MAP付録P10D3ほか ※開催日程・時間は公式Webサイトを参照。http://www.kobe-luminarie.jp/ ※会場では今後の開催継続のために、100円募金を呼びかけています

11～1月(予定)

きたのくりすますすとりーと

北野クリスマスストリート

北野坂の並木が、約4万個の電球で彩られる。異人館観光の帰り道、高台から三宮方面へ延びる光の道はため息もの。エキゾチックな街並みがひときわ輝く冬の演出だ。

☎078-230-1120(神戸観光局、9時～17時30分) ⏰期間中17～23時 交JR三ノ宮駅から徒歩6分 MAP付録P7C2

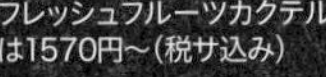

「1000万ドル」と称賛される六甲山の夜景。この数字、六甲山から望める地域の電力消費量から概算された、裏付けのある数値です。

個性派の店が勢揃い♪ インポート食材をお持ち帰り

調味料や缶詰などの食料雑貨を扱うお店のことをグロサリーといいます。世界各国のグロサリーが集まる神戸では珍しい食品も豊富です。

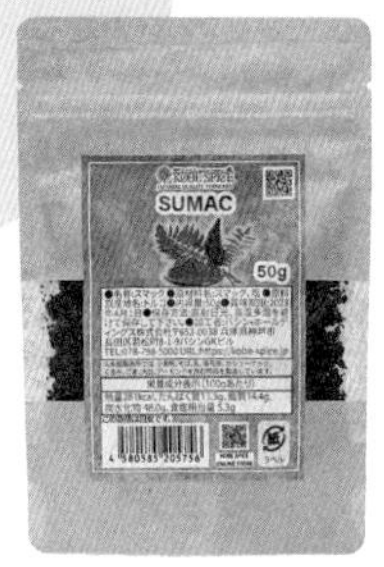

スマック
50g 560円
ウルシ科の果実を乾燥させた粉末。さわやかな酸味は赤しそのよう A

ミックスピクルス
283g 430円
マンゴー、ライム、ニンジン、とうがらしなどが入っていて、酸味と辛みが特徴的 A

マトン コルマ カレー
590円
マトン（羊肉）を数種類のスパイスで煮込んだカレー B

ギー
100g 920円
ウガンダ産のバターオイル。風味よくパンやコーヒーにも合う！ A

ファラフェルミックス
560円
中近東地域の豆コロッケが作れるミックスパウダー B

スパイス、ハーブほか紅茶や製菓食材なども充実。カレーやチャイのキットも人気

三宮
こうべすぱいす こうべこくさいかいかん そるてん

神戸スパイス 神戸国際会館 SOL店 A

インド、トルコ、ベトナムなど各国のスパイスや調味料といったワールドワイドな食材を揃える専門店。10gから購入できる香辛料も人気。

☎078-414-8177 住神戸市中央区御幸通8-1神戸国際会館SOL 時10～20時 休不定休 交JR三ノ宮駅から徒歩5分 Pなし MAP付録P8E4

北野
きたのぐろさりーず

キタノグロサリーズ B

神戸ムスリムモスクの向かいにある食品店で、神戸在住の外国人からもお墨付きを得る本格派。豊富なスパイス類は少量パックもあって日常使いに便利。

☎078-230-6860 住神戸市中央区山本通3-3-3 時10～21時 休無休 交JR三ノ宮駅から徒歩8分 Pなし MAP付録P7B2

駅チカで便利なグロサリー

三宮駅前の複合ショッピング施設・さんちか内にあるインポート食品ショップの「S J KOBE」。世界各地から厳選されたワインやチーズ、お菓子、紅茶などが並びます。
☎078-391-4541 MAP付録P8D3

自家製カレーパウダー
100g 250円
100g入り、500g入りなどから選べるスパイスはどれも格安 C

カレーパウダー
200g 420円（税抜）
数種類のスパイスを使ったパキスタン産のカレーパウダー D

マシュマロ
60g 300円（税抜）
ブタ由来のゼラチン不使用で、ハラールマーク付きのマシュマロ D

パプリ
100g 250円
日本では珍しいインドのスナック菓子も豊富に取り揃えている C

チキンスープの素
各100g 左454円 右480円
本格スープがお手軽に。調味料として使ってもグッド D

北野
いんでぃあんぷろゔぃじょんすとあ

インディアンプロヴィジョンストア C

インドの食材や調理器具、雑貨が揃う。店内にはインドや東南アジアから取り寄せたスパイスやスナック菓子などがぎっしり！

☎078-221-0229 住神戸市中央区山本通2-12-21異人プラザ203 ⏰10時30分～19時 休月曜 交JR三ノ宮駅から徒歩12分 Pなし MAP付録P7C2

北野
こうべはらるふーど

神戸ハラルフード D

イスラム教信者が食べてよいとされる食材のみを扱うムスリムフードの本格派。直営のハラール食堂「三日月亭」もあり、イスラム教信者も安心して日本食が食べられると人気上昇中。

☎078-241-1286 住神戸市中央区中山手通2-17-3西島ビル1階 ⏰10時30分～20時（ラマダン期間は～21時）休無休 交JR三ノ宮駅から徒歩11分 Pなし MAP付録P7B3

クオリティの高いグロサリーの食材は、周辺の各国料理店でも料理に取り入れられています。

使うほどに愛おしい 神戸の手仕事ブランド

手作業を大切に考え、アトリエを構えるお店が多いのも神戸の魅力。丁寧に作られているからこそ、長く愛用したいものばかりです。

ピースな丸型ポケットが「丁寧な手仕事」の証し

Ⓐトーキングポケットデニムパンツ 2万8600円

これも欲しい

ポルカドットデニムシャツ 2万8600円

長尾義広さん
代表兼デザイナー。工房でオリジナルウェアを作る一方、数々の著名人の衣装製作を手がける

元町
あとりえ まにゅあるれいばー

Atelier MANUAL LABOUR

神戸発オリジナルジーンズのショップ兼アトリエ。トレードマークの丸型ポケットは、伝統的なテーラーメイドの技を使って1点ずつ手作業で付けられる。色落ちや風合いを楽しむため、世代を問わず修理を繰り返してはき込むファンが多い。

☎078-331-8963 住神戸市中央区元町通3-2-15セントラルビル元町6階 ⏰11～17時 休水曜 交JR元町駅から徒歩5分 Ⓟなし MAP付録P11B2

デニム以外にもオリジナルウェアが並ぶ

完成までわくわく！セミオーダーバッグ

栄町通
たんでぃ

TANDEY

手織りのアンティーク生地やキャンバス地、上質なレザーなどを使ったバッグを、ひとつひとつ店内で製作・販売。生地の色を選んでカスタマイズでき、注文して約1カ月で手元に届く。使うほど体になじみ、手放せない存在に。修理は随時OKというのも安心。

☎078-332-1134 住神戸市中央区栄町通2-1-2日東ビル1階 ⏰11～18時 休不定休 交JR元町駅から徒歩5分 Ⓟなし MAP付録P11B2

店内で買える商品もある

Ⓑレッスントート 1万7380円
Ⓒスクエアトート M 1万8480円

中野智之さん 恵梨子さん
裁断は智之さん、縫製は恵梨子さんが担当

歩く姿が断然キレイ 足に吸い付くあつらえ靴

Ⓓパンプス5万8000円～
Ⓔ短靴6万円～
※サイズ・仕様により値段は異なる

\お祝いにぴったり/

赤ちゃん用のファーストシューズ8000円～は12㎝サイズのみ。プレゼントにぴったり！

花隈
はるば はるば
halva * halva

靴職人が足の計測から縫製まで手がけるセミオーダーシューズ。レディス靴が5万円台～でオーダーできる。元町の採寸室で計測後、約2～3カ月で手渡し。完全予約制のため公式Webサイトから問合せを。相談のみももちろんOK。

halva.main.jp/

ハラナツコさん
靴が合わず苦しんだ末、自ら職人になった

世界に一つだけ オリジナルの革製品

海岸通
そうさくかばん つちい
創作鞄 槌井

工房が併設の革製品専門店店頭には、ここでしか買えないオリジナルの鞄、財布、革小物などが並ぶ。デザインから縫製まで手作りされており、オーダーメイドや修理も対応。長年使えるこだわりの物が見つかる。

☎078-381-5545 住神戸市中央区海岸通4-3-20甲南ビル103 ⏰11～18時 休月～水曜 交JR元町駅から徒歩10分 Pなし MAP付録P12E1

色とりどりの店内

Ⓕ三つ折り財布各7150円(縦107㎜横65㎜) ⒼR持ち手ミニ2万8710円

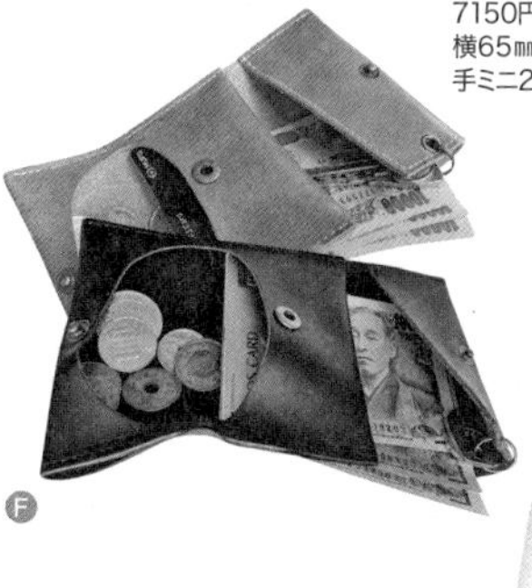

槌井仁基さん
「お客さんと共に創作する工房」をコンセプトにデザインから仕上げまで行う

遊びをちりばめた 美しいたたずまいのバッグ

Ⓗ撥水ナイロンリュック1万8700円
Ⓘ撥水ナイロン巾着ハンドバッグ9900円

栄町通
くるーと
clueto

数名のスタッフの手で作られるバッグや小物のブランド。素材は植物性タンニンでなめした革や倉敷帆布などで、チャームを選べたり、プレートの中身をアレンジできたりと、遊び心あふれるデザインも人気。

☎078-381-7442 住神戸市中央区栄町通3-2-2和栄ビル3号館101 ⏰11～18時 休火曜 交JR元町駅から徒歩5分 Pなし MAP付録P11A2

カラー展開豊富なバッグや小物が並ぶ

北川浩之さん
全商品をデザイン。納得するまで1年でも試作を重ねるこだわり派

明治16年(1883)、日本人初のテーラーが現れたのがここ神戸。今もオーダーメイドの文化が根付いています。

セレクトの基準はビジュアル重視！思わず買っちゃうキュートなおみやげ

旅の醍醐味の一つといえばやっぱりおみやげ選び。家族や友だちにあげるものも自分へのおみやげも、とことんかわいいものにこだわって選んでみてはいかが？

大切な人への気持ちをしたためて

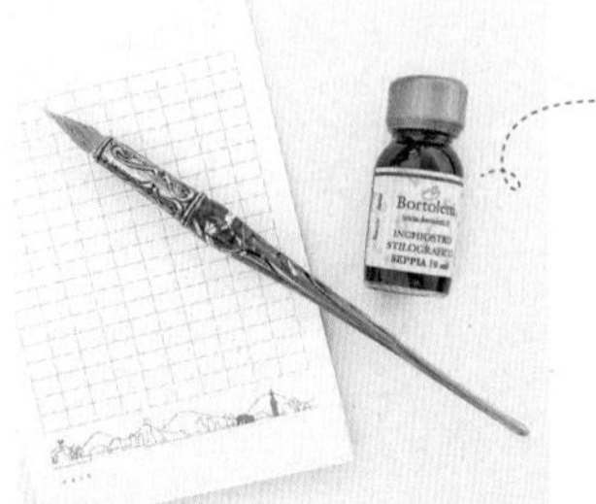

ガラスペンセット
8580円
ミニ原稿用紙 **440円**
イタリア製のガラスペン、満寿屋とコラボしたミニ原稿用紙 A

色とりどりの神戸カラー

Kobe INK物語
各2420円
六甲グリーンや波止場ブルーなど神戸らしい名前のインク。全86色以上 A

パティシエールが作るちょこんと小さい焼き菓子

Weekend **850円**
添加物をできるだけ使わず健康にも配慮して甘さ控えめ。レモンの果汁と皮、リモンチェッロで驚くほどレモン! B

マリンモチーフが神戸らしい

オリジナルマッチ **各429円**
煉瓦倉庫店限定の缶入りマッチ A

こだわりの大人文房具

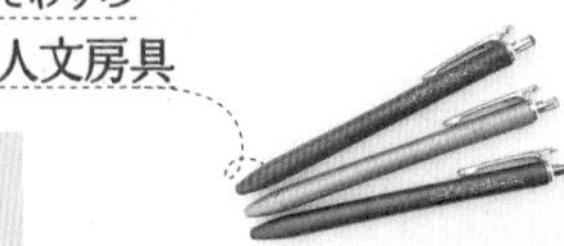

オリジナル線画入りボールペン
1本1320円
神戸の風景を線画で表現。おみやげにおすすめ A

香ばしさと濃い味

ミックスクッキー
712円
コクのあるバターやナッツをふんだんに使用し、伝統ある製法で丁寧に焼き上げた手作りクッキー C

ハートの形を贈り物に

スイートハートプレーン
10枚入り2538円
甘くサクサクのパイ生地のスイートハートは個包装になっているので、ギフトに最適 C

神戸らしい文具が充実

ハーバーランド

ながさわこうべれんがそうこてん
NAGASAWA神戸煉瓦倉庫店 A

☎078-371-8130 住神戸市中央区東川崎町1-5-5ハーバーランド煉瓦倉庫南棟 ⏰11〜19時 休水曜 交JR神戸駅から徒歩7分 P煉瓦倉庫駐車場利用 MAP付録P13C4

プチサイズの焼き菓子

花隈

かしゅうせいかてん
加集製菓店 B

☎078-585-5817 住神戸市中央区北長狭通7-1-27 1階 ⏰11〜19時 休水・木・日曜 交阪急花隈駅から徒歩2分 Pなし MAP付録P5B2

神戸が誇るドイツパンの店

新神戸

ふろいんどりーぶ
フロインドリーブ C

DATA☞P16

レトロ
かわいい
一点もの

海岸通の清和ビル内にある「c-h-o-c（ちょっく）」。イギリスから集めたヴィンテージ雑貨が数多く並びます。なかでも数百種類のモチーフがあるシルバーチャームが人気。☎078-779-4619 MAP付録P12E1

神戸ならではの
おいしいポートタワー

ポートタワーバターせんべい
5枚入り 810円
ポートタワーの形をした、バターたっぷりのモザイク店限定せんべい D

紅茶鑑定士
セレクト

神戸紅茶
神戸テイスティング BOX
28個入り972円
紅茶鑑定士が茶葉を厳選しブレンドした7つの味を楽しめるセット D

濃厚な風味が
クセになる！

TONOWAバターサンド
18本箱入り5400円～（税抜）
サブレの心地よいサクサク感と厳選したフルーツ、ホワイトチョコレート入りバタークリームが出合い、大人の味覚を楽しませてくれるお菓子 E

洋の素材を
和の技術で焼き上げる

瓦せんべい（小瓦）
20枚箱入り1400円（税抜）
厳選された材料と熟練の職人技だからできる、サクサクとした食感と口の中で広がる上品な甘さ。創業から守り続けるやさしい老舗の味わい E

定番商品が一堂に揃う

ハーバーランド

こうべぶらんど
神戸ブランド D

DATA☞P103

瓦せんべいでおなじみ

西元町

かめいどうそうほんてん
亀井堂総本店 E

☎078-351-0001 住神戸市中央区元町通6-3-17 🕒10～19時 休無休 交阪神西元町駅から徒歩3分 Pなし MAP付録P13C1

亀井堂総本店やフロインドリーブなどの老舗には、ほかにもオリジナル商品が多くあります。ぜひチェックを！

いつだって最先端「神戸発祥」の文化あれこれ

進取の気性は、港町ならではの神戸の性格。神戸がルーツとなり、やがて全国に広まった文化を集めました。

1 牛肉の販売 明治4年(1871)～

開港に伴う外国人の流入によって、それまで牛肉食の習慣が少なかった日本に、新しい食文化が生まれる。この年創業した大井肉店は、当初外国船の船員に牛肉を卸していた。但馬牛の味はたちまち評判を上げ、かつ牛肉食文化は日本人にも急速に広まっていった。

●大井肉店(おおいにくてん)

☎078-351-1011 住神戸市中央区元町通7-2-5 ⏰販売10時～18時30分(日曜は～17時)。レストラン10～14時、17～20時 休販売は無休、レストランは日・月曜 交JR神戸駅から徒歩5分 P3台 MAP付録P13B1

2 コーヒーの販売 明治11年(1878)～

神戸港(当時は兵庫港)は、横浜に次いで日本で2番目にコーヒーを荷揚げした港。元町の放香堂加琲(ほうこうどうこーひー)(現在も営業MAP付録P11A1)は、日本茶を商いながらコーヒー豆も輸入し、日本で初めて粉末を販売、来店客にもコーヒーを振る舞ったといわれる。神戸はのちにブラジルのコーヒー農家への移民の玄関口ともなった。元町駅前の交番(写真右・MAP付録P9B3)はブラジルの建物を模したもの。

3 活動写真 明治29年(1896)～

エジソンの発明による映写機「キネトスコープ」を輸入し、神戸・花隈の神港倶楽部で上映したのが、日本の映画興業の始まり。これを記念したモニュメント「メリケンシアターの碑(MAP付録P12F4)」には、スクリーンの形を切り抜いた石の手前に、観客に見立てた42個の石が配置されている。

©一般財団法人神戸観光局

■近代神戸略年表

慶応3(1868)	兵庫(神戸)開港・居留地設置
明治元(1868)	メリケン波止場建設
明治3(1870)	オリエンタルホテル創業
明治4(1871)	大井肉店創業①
明治7(1874)	神戸～大阪間鉄道開通
明治11(1878)	日本初のコーヒー販売開始②
明治22(1889)	大日本帝国憲法発布
明治27(1894)	日清戦争
明治29(1896)	日本初の活動写真上映③
明治32(1899)	居留地返還
明治37(1904)	日露戦争
大正2(1913)	大丸神戸支店開業
大正3(1914)	第一次世界大戦
大正4(1915)	老祥記創業④
大正8(1919)	日本初のバウムクーヘン販売⑤ 日本初のパーマネント⑥
大正12(1923)	日本初のジャズバンド、神戸でライブ公演⑦ 関東大震災
大正13(1924)	阪神甲子園球場開業
昭和7(1932)	日本初のバレンタインチョコ販売⑧
昭和13(1938)	阪神大水害
昭和16(1941)	太平洋戦争
昭和20(1945)	神戸大空襲、太平洋戦争終結
昭和32(1957)	花時計始動⑨
昭和38(1963)	神戸ポートタワー完成
昭和39(1964)	東京オリンピック
昭和45(1970)	日本万国博覧会

4 豚まん
大正4年（1915）～

現在も客足が絶えない南京町に店を構える老祥記が「豚まん」の始祖。本場中国で「天津包子」とよばれる肉まんじゅうを、味・名称とも日本人になじむようにと考案したものだ。開業当初は中国船の船員も故郷の味を求めて集まったとか。

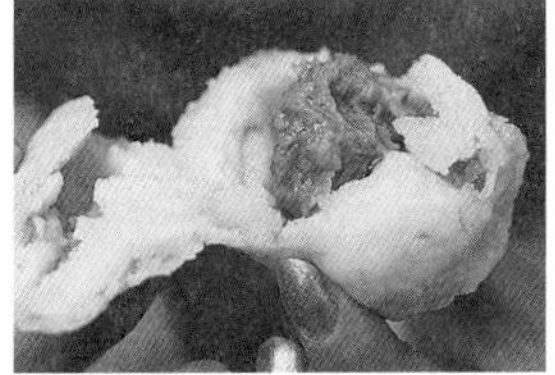

ろうしょうき
● 老祥記 ☞P70

5 バウムクーヘン
大正8年（1919）～

日本に初めてバウムクーヘンを紹介したのは、ドイツ人洋菓子職人カール・ユーハイム。第一次世界大戦中に青島（ちんたお）からの捕虜として来日、横浜で店を開くも関東大震災で罹災して神戸へと、数奇な人生をたどるが、今や日本を代表する人気洋菓子店となった。

ゆーはいむこうべもとまちほんてん
● ユーハイム神戸元町本店 ☞P20

6 パーマネント
大正12年（1923）～

女性の髪形は、江戸時代以来の日本髪と、明治期に提唱された束髪が主流だったが、大正後期になって神戸のホテル内の理髪店がアメリカからパーマ機を輸入。昭和10年代、職業婦人を中心に急速に普及した。写真は国産パーマネント機の1号機（神戸市立博物館蔵）。物々しさが時代を感じさせる。

7 ジャズ
大正12年（1923）～

宝塚少女歌劇団オーケストラ出身の有志が集い「ラッフィング・スター・ジャズバンド」を結成。神戸で日本初のライブを行ったのが、日本のジャズの発祥といわれる。現在も神戸ではジャズが盛んで、特に北野坂周辺には、老舗「ソネ」（写真）をはじめ多くのライブハウスが軒を連ねる。

そね
●ソネ

☎078-221-2055 住神戸市中央区中山手通1-24-10 ¥チャージ1650円～ 時17～23時、通常18時30分～3ステージ（日曜は14時～特別ライブあり。入場1000円）休無休 交JR三ノ宮駅から徒歩7分 Pなし MAP付録P7C3

8 バレンタインチョコレート
昭和7年（1932）～

昭和6年（1931）に創立した神戸モロゾフ製菓（現モロゾフ）が、バレンタインの習慣を日本に紹介。昭和10年（1935）には英字新聞に広告を掲載（写真）、現在のバレンタイン商戦の端緒に。本家イタリア・聖バレンチノ教会のあるテルニ市からも、バレンタイン普及への感謝を込めたトロフィーが贈られた。

もろぞふ こうべほんてん
● モロゾフ 神戸本店 ☞P21

9 花時計
昭和32年（1957）～

同年の神戸市庁舎完成に合わせて、日本で初めて花時計が設置され、平成31年（2019）に現在の場所に移設された（MAP付録P4D4）。スイス・ジュネーブのイギリス公園にある花時計をモデルにしたもので、直径6m、高さ2.25m、文字盤は約3000株の季節の草花で飾られている。

意匠を凝らしたレトロビル・旧居留地38番館（☞P82）

内部を公開している異人館・萌黄の館（☞P56）

賑やかな神戸ハーバーランド umie（☞P100・102）

おみやげにぴったりのアイテム（神戸北野ホテル ホテルブティック☞P74）

ランチひとつにもこだわりたい（カフェ豆茶☞P67）

かわいいお店がそこここに（ロシア雑貨 いりえのほとり☞P61）

選び迷うのも楽しいひととき（北欧雑貨と暮らしの道具 lotta☞P94）

セレクト感のあるお店は要チェック（Bshop 神戸本店☞P86）

お気に入りを求めて、山手へ、海へ、神戸の街をお散歩しましょ。

エキゾチックな魅力にあふれた神戸タウン。
カメラを向ければ、絵になる風景がそこかしこに。
極上スイーツや神戸牛などのグルメにも惹かれます。

日本三大中華街の一つ・南京町（☞P70）

お買い物しすぎてしまいそう（EAVUS☞P103）

神戸って こんなところ

神戸を散策するなら効率的にまわりたいもの。まずは神戸の全体像を把握しましょう。

観光のみどころは 5つのエリア

神戸の市街では三宮を起点に観光プランを組むとまわりやすい。三宮から主要な各エリアまで、ほぼ徒歩での散策が可能。東西に走るJR線を中心に北＝山側、南＝海側と覚えておこう。
1日で全エリアをまわれなくもないが、かなり駆け足。あまり欲張らず1日に2、3スポットをめどに、余裕をもってプランを立てよう。

観光の前に情報集め

JR三ノ宮駅から改札東口を出たすぐ南側にある「神戸市総合インフォメーションセンター」へ。観光案内はもちろん、主要施設のパンフレットや地図が入手できるほか、お得な乗車券（☞P50）の販売も行っている。

問合せ 神戸市総合インフォメーションセンター（インフォメーション神戸）☎078-241-1050（🕒9～18時）

1 北野

きたの

・・・P52

明治期に建てられた外国人邸宅（異人館）が今も数多く残る、異国情緒あふれるエリア。海外雑貨のお店や異人館を活かしたおしゃれなカフェも訪れたい。異人館を3館以上内部見学するなら共通割引チケット（☞P57）の購入がお得。

5 ベイエリア

べいえりあ

・・・P98

神戸港に面し、タワーやショッピングモールが並ぶ開放的なエリア。海沿いにプロムナードが続き、港町らしい風情にあふれている。クルーズ船もおすすめ。

さんのみや・もとまち

三宮・元町

・・・P64

私鉄・地下鉄が集中する神戸の玄関口。鉄道線を挟んで南北にエリアが広がる。人気スイーツやパン店もギュッと結集。トアロードに高架下、南京町もこのエリア。

ハープ園山頂駅へ
布引公園・
神戸布引ロープウェイ
谷上駅へ
北神地下線鉄
JR山陽新幹線
新神戸駅
新神戸駅
新大阪駅へ
1 北野
王子公園駅へ
中山手4
二宮橋
春日野道駅
2 三宮・元町
阪急電鉄神戸線
JR東海道本線(JR神戸線)
灘駅へ
三宮駅
前駅
三ノ宮駅
町駅
神戸三宮駅
マルイ・神戸三宮駅
春日野道駅
地下鉄海岸線
阪神電鉄本線
春日野
居留地・大丸前駅
神戸市役所
三宮・花時計前駅
3
旧居留地
中央区役所
阪神高速3号神戸線
摩耶出入口へ
生田川
日本銀行
貿易センター駅
税関前
摩耶大橋へ
バイパス
ポートライナー
京橋 京橋PA
神戸空港駅へ
新港

きゅうきょりゅうち

旧居留地

・・・P80

大正～昭和初期の重厚な近代建築が点在。レトロ空間を利用したカフェやショップは雰囲気満点。ファサードや柱など、建築様式もチェックして。

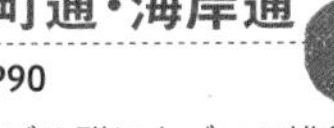

さかえまちどおり・かいがんどおり

栄町通・海岸通

4

・・・P90

古いビル群に小バコの雑貨店がひしめく、神戸でも急成長中のエリア。小さな扉を開くとオーナーのセレクト感あふれる個性的な空間が広がる。ぜひお気に入りを探してみて。

神戸観光は徒歩+ループバスが基本です

大半の人気スポットが各線の三宮駅周辺に集結。徒歩圏内ですがシティーループもうまく活用するとラクチン。

神戸の中心は三宮！

主要観光地のほぼ中心に位置する三宮エリア。北野まで徒歩15分、ベイエリアへも30分ほどで歩ける。**観光は三宮エリアを起点**に、がマスト。

三ノ宮（三宮）駅は6つ！

JR「三ノ宮駅」を中心にして、北に**阪急**「神戸三宮駅」、**地下鉄西神・山手線**「三宮駅」、南に**ポートライナー**「三宮駅」、**阪神**「神戸三宮駅」、**地下鉄海岸線**「三宮・花時計前駅」が、徒歩圏内にある。

神戸の入口駅をチェック！

神戸の鉄道の入口は、遠方からは山陽新幹線「**新神戸駅**」。JR神戸線なら「**三ノ宮駅**」が入口となる。両駅間は地下鉄西神・山手線が結んでいる。

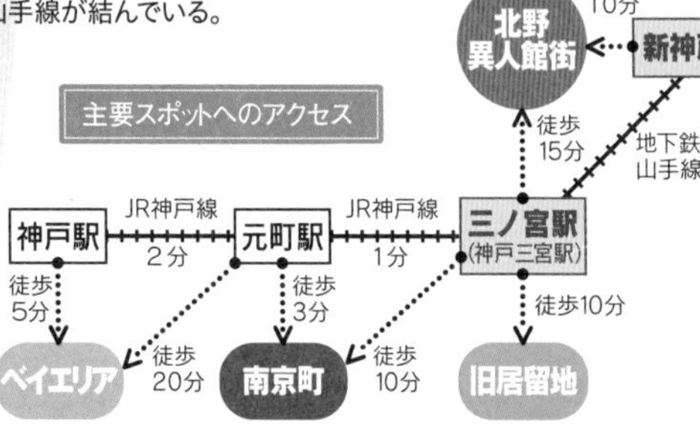

三ノ宮（神戸三宮）駅周辺の位置関係を知ろう!

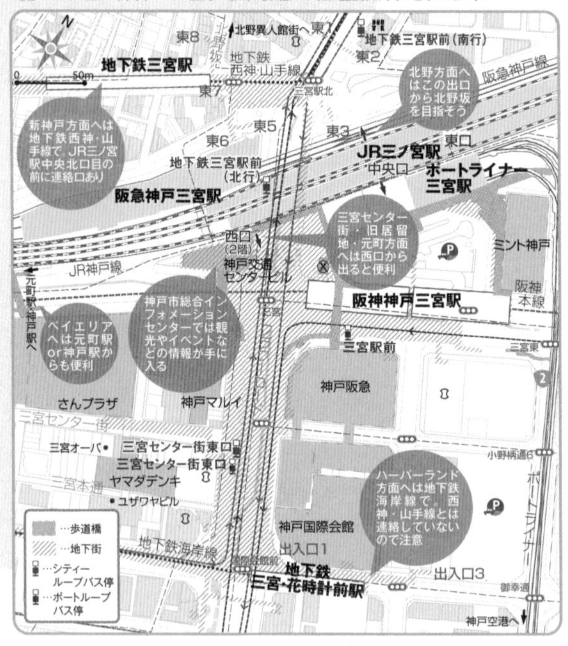

お得な乗車券はぜひ活用して！

Kobe 1-day loop bus ticket 800円

シティーループ、ポートループなどの周遊バスと神姫バスの指定路線が1日乗り放題の乗車券。神戸市総合インフォメーションセンター(三宮)、観光案内所(新神戸)ほか、乗車券アプリ「PassRu」「RYDEPASS」でも発売。2日券は1200円。
問合せ ☎078-231-5561（神姫バス神戸三宮バスターミナル）

KOBE観光スマートパスポート

ベーシック 1day2500円／2day3900円
プレミアム 1day4500円／2day7200円

ベーシックで約30カ所、プレミアムで約50カ所の神戸市内の観光施設が、1日もしくは2日間巡り放題となる、お得で便利な電子周遊チケット。市内の一部飲食店・施設では、提示すると割引などのサービスも。オンライン、市内観光案内所、一部宿泊施設などで販売。
問合せ ☎078-230-1120(神戸観光局)

地下鉄1日乗車券 830円

市営地下鉄全線が1日乗り放題なので、地下鉄沿線を観光するにはお得。地下鉄各駅窓口（谷上駅除く）・定期券発売所などで販売。
問合せ ☎078-321-0484
(市バス・地下鉄お客様サービスコーナー)

主要地間の徒歩アクセス早見表

出発地 ＼ 目的地	北野（異人館）	JR三ノ宮駅	JR元町駅	旧居留地	栄町・海岸通	ベイエリア
北野（異人館）		○ 徒歩15分	○ 徒歩20分	△ 徒歩25分	△ 徒歩30分	× 徒歩40分
JR三ノ宮駅	○ 徒歩15分		◎ 徒歩10分	◎ 徒歩10分	○ 徒歩15分	△ 徒歩30分
JR元町駅	△ 徒歩20分	◎ 徒歩10分		◎ 徒歩5分	◎ 徒歩10分	○ 徒歩20分
旧居留地	△ 徒歩25分	◎ 徒歩10分	◎ 徒歩5分		◎ 徒歩5分	○ 徒歩20分
栄町・海岸通	△ 徒歩30分	○ 徒歩15分	◎ 徒歩10分	◎ 徒歩5分		
ベイエリア	× 徒歩40分	△ 徒歩30分	○ 徒歩20分	○ 徒歩20分		

〈マーク凡例〉 ◎…楽々移動　○…お散歩がてら歩こう　△…歩くのが好きならおすすめ　×…交通機関の利用が楽

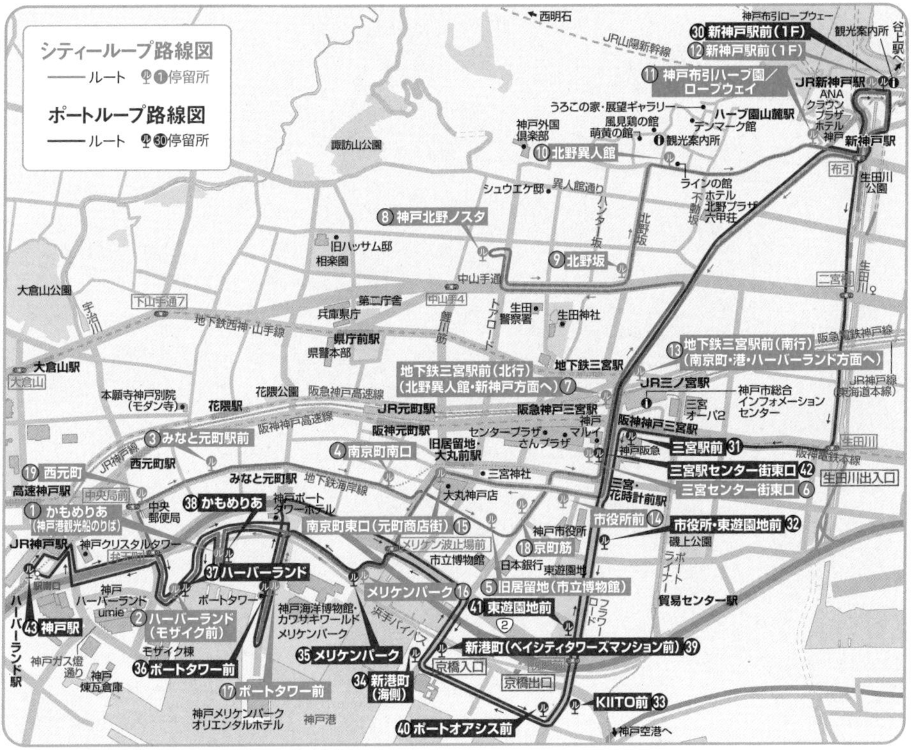

シティーループ路線図
—— ルート　①停留所

ポートループ路線図
—— ルート　㉚停留所

シティーループ　ルート案内

神戸の観光エリアを巡る循環路線バス。8時30分～20時ごろ、1時間に2～5便運行され、1周約70分。1回乗車は300円。

ポートループ　ルート案内

主に新神戸駅・三宮とベイエリアを結ぶ連節バス。9時30分～20時30分ごろ、20～25分間隔で1日計29便運行されている。1回乗車230円。1周約70分。

これしよう！

フォトジェニックな異人館巡り

有名な風見鶏の館をはじめ、ユニークな異人館を巡ろう（☞P54）。

これしよう！

乙女ごころに響く雑貨をゲット

北野はヨーロッパ雑貨やロシア雑貨など、インポート雑貨の宝庫（☞P60）。

ロシア雑貨 いりえのほとりのロシア雑貨（☞P61）

これしよう！

ハイソな空間で食事&カフェタイム

異人館のなかにはレストランやカフェ営業をしているところも（☞P58）。

北野はココにあります！

異国情緒あふれる神戸一の観光地

北野

きたの

景観のよい山手エリアに位置する北野には、明治後期～大正期に来日した外国人が住んだエキゾチックな異人館が点在。個性豊かな異人館やインポートの雑貨など、古くから港町として栄えた神戸ならではの魅力が凝縮している。

access

●三宮から

【シティーループ】

地下鉄三宮駅前（北行）から約15分、北野異人館下車すぐ

【電車】

●JR三ノ宮駅から徒歩15分

●地下鉄三宮駅から西神・山手線で2分、新神戸駅下車、徒歩10分

広域MAP 付録P6・7

～北野 はやわかりMAP～

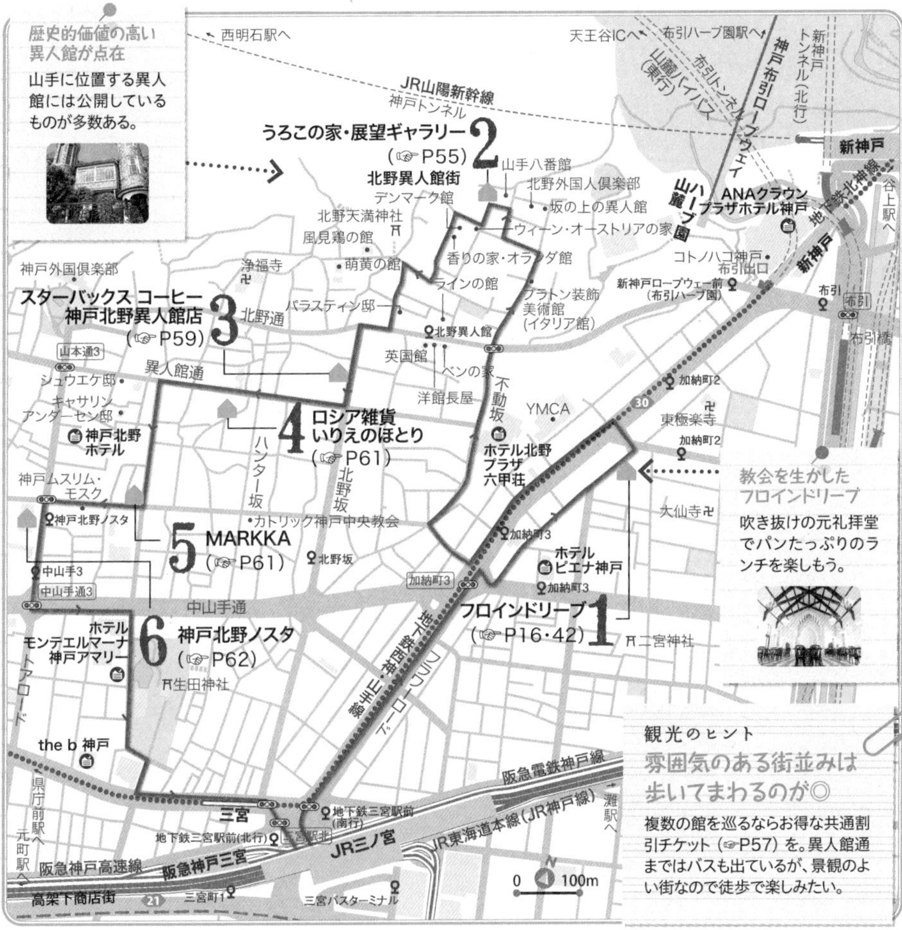

歴史的価値の高い異人館が点在

山手に位置する異人館には公開しているものが多数ある。

うろこの家・展望ギャラリー 2
（☞P55）

スターバックス コーヒー 神戸北野異人館店 3
（☞P59）

4 ロシア雑貨 いりえのほとり
（☞P61）

5 MARKKA
（☞P61）

6 神戸北野ノスタ
（☞P62）

フロインドリーブ 1
（☞P16・42）

教会を生かしたフロインドリーブ

吹き抜けの元礼拝堂でパンたっぷりのランチを楽しもう。

観光のヒント

雰囲気のある街並みは歩いてまわるのが◎

複数の館を巡るならお得な共通割引チケット（☞P57）を。異人館通まではバスも出ているが、景観のよい街なので徒歩で楽しみたい。

風見鶏の館&うろこの家、2大異人館のフォトジェニック探訪

個性的な異人館が数多く立ち並ぶ北野ですが、まず訪れるならこの2館。
どこを切り取っても絵になる構図にうっとり。思い出をカメラに収めましょう。

ぐるっとまわって30分

かざみどりのやかた
風見鶏の館

風見鶏が守る赤レンガの館

明治42年(1909)ごろ、ドイツ人の貿易商ゴットフリート・トーマスの私邸として建てられたもの。重厚なドイツ建築とアール・ヌーヴォー風の装飾が見事。昭和53年(1978)に国の重要文化財に指定された。2025年春ごろにリニューアルオープン予定。

☎078-242-3223 住神戸市中央区北野町3-13-3 ¥入館500円(変更の可能性あり) 🕒9～18時(入館は～17時45分) 休2・6月の第1火曜(祝日の場合は翌日) 交JR三ノ宮駅から徒歩15分 Pなし MAP P56

せんとうのかざみどり
尖塔の風見鶏

異人館街のシンボルともいえる風見鶏。風向計としての役割に加え、魔除けの意味ももっている

2025年春までは外観のみ見学可能

おすすめルート
1 食堂(1階) → 2 居間(1階) 3 書斎(1階) 4 朝食の間(2階) 5 おみやげショップ(2階)

はーふてぃんばーのけんちく
ハーフティンバーの建築

柱・梁などの骨組み部分が外観からも見えるように設計されたハーフティンバーの手法を使用

れんがそう
レンガ装

創建当時のレンガが阪神・淡路大震災後の修復にも使われた。レンガ装の異人館としては異人館街で唯一のもの

骨組みを生かした木造ドイツ建築

1階 **ステンドグラス**
当時流行したアール・ヌーヴォーの繊細な装飾が随所に見られる

1階 **食堂**
ゲストをもてなすために使われた1階の食堂は特にゴージャス

1階 **書斎**
外にせり出した半円のドーム状の書斎。日当たりのよいサンルームのよう

2階 **おみやげショップ**
元は寝室として使われていた部屋で、神戸のおみやげなどを販売

47…複数の異人館を見学するのにお得な共通割引チケットはP57をチェック!

うろこのいえ・てんぼうぎゃらりー
うろこの家・展望ギャラリー 4 7

高台のアートな館から市街を一望

明治後期に居留地に建てられ、大正期に現在の高台に移築された国の登録有形文化財。館内では、マイセンやロイヤル・コペンハーゲンなどの名磁器コレクションや貴重な西洋骨董品を堪能できる。隣接する展望ギャラリーには、マチス、ユトリロ、ビュッフェら近・現代作家の佳作を展示。

☎0120-888-581 住神戸市中央区北野町2-20-4 ¥入館1100円 ◷休公式Webサイトを確認 交JR三ノ宮駅から徒歩20分 Pなし MAP P57

風見鶏の館を建てたトーマスってどんな人？

ゴットフリート・トーマスはドイツ人の貿易商。夫婦と一人娘の3人家族に対し、使用人が8人もいたとか！ 館内にはトーマスの家族の写真も展示されています。

ぐるっとまわって1時間

おすすめルート

1 食堂（1階）→ 2 居間（1階）→ 3 サンルーム（2階）→ 4 展望ギャラリー → 5 展望ギャラリー3階

ちょうぼう
眺望

標高約150mに位置する建物からは神戸の街や港が一望できる。特に展望ギャラリー3階からの眺めは圧巻！

すれーと
スレート

外壁一面を飾る天然石のスレート約3000枚が魚の鱗のように見えることから、うろこの家の名前がついた

いのししぞう
イノシシ像

鼻をなでると幸せが訪れるというイノシシ像「ポルチェリーノ」。鼻に触れて記念撮影する人も多い

異人館街の一番高台にたたずむ館

1階 **食堂**
青と緑を基調にした窓辺のステンドグラスが格調高さを感じさせる

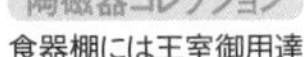

1階 **陶磁器コレクション**
食器棚には王室御用達など、西欧の名窯のアンティーク食器が並ぶ

2階 **居間**
重厚な家具調度品と特注のドイツ製の手回しオルガンに異国情緒が漂う

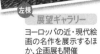

左棟 **展望ギャラリー**
ヨーロッパの近・現代絵画の名作を展示するほか、企画展も開催

異人館街には通り抜け禁止の道があるので、目的の建物までのルートを調べてから出発するのがおすすめです。

神戸を代表する一大観光地・北野異人館街をお散歩しましょ

散策にぴったりの北野異人館街。外から眺めるだけでもよいですが、せっかくなら内部公開館を巡って、往時に思いを馳せてみませんか？

access
北野異人館街へはJR三ノ宮駅から徒歩20分(うろこの家・展望ギャラリーまで) Pなし

●明治末期ごろ築

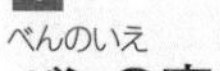

べんのいえ
ベンの家 3 7

建築当時ドイツから取り寄せた赤レンガの塀は神戸市指定文化財。館内は剥製や世界中のチョウ、未知の生物などが並ぶ不思議な博物館となっている。☎0120-888-581 住神戸市中央区北野町2-3-21 ¥入館550円 ⏰休公式Webサイトを確認 Pなし MAP P57

▶各部屋が個性的な壁色でフォトジェニック

2 ●明治41年(1908)築

ようかんながや
洋館長屋 3 7

外国人向けアパルトマンとして設計された建物。南仏をイメージした色彩豊かな部屋に、アール・ヌーヴォーを代表するエミール・ガレ、ドーム兄弟の美術品が並ぶ。☎0120-888-581 住神戸市中央区北野町2-3-18 ¥入館550円 ⏰休公式Webサイトを確認 Pなし MAP P57

▶神戸異人館の特徴である寄棟屋根に下見板張り、白いオイルペンキ塗りの外観

●明治31年(1898)築

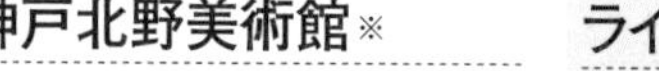

こうべきたのびじゅつかん
神戸北野美術館※

旧アメリカ領事館官舎（ホワイトハウス）として親しまれた建物。友好交流協定を結ぶモンマルトルについての常設展、地元ゆかりのアーティストの企画展などを観覧できる。☎078-251-0581 住神戸市中央区北野町2-9-6 ¥入館500円 ⏰9時30分～17時30分(入館は～17時) 休第3火曜 Pなし MAP P57

▶石垣沿いにあるので見落とさないよう注意！

4 ●大正4年(1915)築

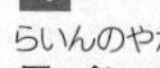

らいんのやかた
ラインの館

館内はコミュニティスペースになっている。北野異人館の歴史を記した資料や、震災に関連した資料も展示。☎078-222-3403 住神戸市中央区北野町2-10-24 ¥入館無料 ⏰9～18時 休2・6月の第3木曜（祝日の場合は翌日）Pなし MAP P57

▶横板を重ね張りしたコロニアル建築

●明治後期築

こうべとりっくあーと ふしぎなりょうじかん
神戸トリックアート 不思議な領事館

目の錯覚を利用した「見て」「触って」「写真を撮って」楽しむアミューズメント施設。☎0120-888-581 住神戸市中央区北野町2-10-7 ¥入館880円 ⏰休公式Webサイトを確認 Pなし MAP P56

▶石垣の上に立つ白亜の異人館が目印

6 ●明治36年(1903)築

もえぎのやかた
萌黄の館

アメリカ総領事邸として建築。ベランダや出窓などがある造りと、部屋ごとにタイルの模様が異なる暖炉は必見。☎078-855-5221 住神戸市中央区北野町3-10-11 ¥入館400円 ⏰9時30分～18時（入館は～17時45分）休2月第3水曜とその翌日 Pなし MAP P56

▶淡い緑色がさわやかなコロニアル建築

●大正中期築

かおりのいえ おらんだかん
香りの家 オランダ館 3

民族衣装の貸し出し2750円や好みに合わせて調合してくれるオリジナルの香水9㎖3960円など、体験コーナーが多彩。ピアノの自動演奏や実演もすてき。☎078-261-3330 住神戸市中央区北野町2-15-10 ¥入館700円 ⏰10～17時 休無休 Pなし MAP P57

▶オランダ総領事邸として使われていた

北野
北野天満神社
風見鶏の館 P.54
神戸北野ハンター迎賓館
ジャズマンの像 P.141
北野観光案内所
北野ガラス館
北野町広場
天神坂
萌黄の館 6
P.60 小さなあとりえ＊薔
神戸北野迎賓
神戸トリックアート不思議な領事館 5
英国館 14
スターバックスコーヒー神戸北野異人館店 P.59
北野坂
異人館通(山本通)
三宮駅へ↓

※神戸北野美術館は2024年11月まで耐震補強工事のため休館中、詳細は要問合せ

共通券でお得な割引を利用

3館以上の異人館を見学するなら共通割引チケットを上手に活用。券の種類が複数あるので、対象の建物をチェックしておこう。

…… P54～57の共通券の種類 ……

- 3 3館パスポート…1400円
- 4 山の手4館パス…2200円
- 3 北野通り3館パス…1540円
- 7 北野7館プレミアムパス…3300円

願いが叶うパワースポット!?

山手八番館の1階には、座って願い事をすると叶うという不思議な椅子（サターンの椅子）があります。2つある椅子のうち、女性は向かって右側、男性は左側に座って願おう。

8 デンマーク館

●平成4年(1992)築

でんまーくかん

3

デンマーク出身の童話作家・アンデルセンの書斎を再現、愛用品を展示。1/2サイズのバイキング船の模型や人魚姫の像が飾られ、童話の世界を表現している。☎078-261-3591 住神戸市中央区北野町2-15-12 ¥入館500円 ◷10～17時 休無休 Pなし MAP P57

▶童話作家の館のためメルヘンチック

9 ウィーン・オーストリアの家

●平成4年(1992)築

うぃーん・おーすとりあのいえ

3

モーツァルトの作曲の部屋を再現した室内には、当時のフォルテピアノの複製や直筆の楽譜を展示。前庭のカフェテラスではウィーンのスイーツも味わえる。☎078-261-3466 住神戸市中央区北野町2-15-18 ¥入館500円 ◷10～17時 休無休 Pなし MAP P57

▶天気のよい日はテラスでのんびりしよう

10 山手八番館

●明治後期築

やまてはちばんかん

4 7

ユニークなチューダー風の外観が印象的な建物。ロダンやブールデル、ルノワールの彫刻作品やレンブラントの版画などコレクションが見事。2階には仏教美術を展示。☎0120-888-581 住神戸市中央区北野町2-20-7 ¥入館550円 ◷休公式Webサイトを確認 Pなし MAP P57

▶入口上部に施されたステンドグラスも必見

11 北野外国人倶楽部

●明治後期築

きたのがいこくじんくらぶ

4 7

オールドキッチンやダイニングルームからは、神戸開港当時の人々の会話が聞こえてくるよう。フランス・ブルボン王朝時代の木製暖炉など、館内はみどころ豊富。☎0120-888-581 住神戸市中央区北野町2-18-2 ¥入館550円 ◷休公式Webサイトを確認 Pなし MAP P57

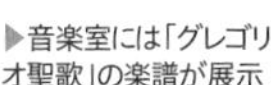

▶音楽室には「グレゴリオ聖歌」の楽譜が展示

12 坂の上の異人館

●明治後期築

さかのうえのいじんかん

4 7

北野異人館街では珍しい東洋風異人館で、館内には明朝～清朝にいたる美しい家具調度品を展示。庭に置かれた狛犬の間を通り抜けると邪気を払うといわれている。☎0120-888-581 住神戸市中央区北野町2-18-2 ¥入館550円 ◷休公式Webサイトを確認 Pなし MAP P57

▶外観は他館よりもオリエンタルな雰囲気

13 プラトン装飾美術館（イタリア館）

●大正初期築

ぷらとんそうしょくびじゅつかん（いたりあかん）

19世紀のイタリア人彫刻家V.エモーヌなどのアンティーク家具が展示される館内を、メイドや執事が案内してくれる。ガーデンテラスでは、奥さま手作りのケーキやクッキーのセットなどが楽しめる。そのほかコーヒーや紅茶などの飲み物もあり。

DATA☞P58

▶テラス席からはプールが目の前

14 英国館

●明治後期築

えいこくかん

3 7

大きな窓が特徴のコロニアル様式の館で、バロック～ヴィクトリア時代のイギリスの調度品を展示。2階ではホームズの部屋が再現され、作品の世界観に浸ることができる。☎0120-888-581 住神戸市中央区北野町2-3-16 ¥入館880円 ◷休公式Webサイトを確認 Pなし MAP P56

▶ホームズを彷彿とさせるケープと帽子を無料でレンタルできる

異人館が点在する北野エリアは急勾配の坂になっているので、歩きやすい靴で訪れるのがベターです。

すてき空間でのんびり過ごしたい 異人館でロマンチックなグルメを

北野を散策するならカフェやディナーも異人館がおすすめです。
かつてこの地で暮らした外国人たちに思いを巡らせながら味わいましょう。

ぷらとんそうしょくびじゅつかん（いたりあかん）

プラトン装飾美術館（イタリア館）

ガーデンテラスで過ごす優雅なひとときにうっとり

カフェ併設の私設美術館で、別館には現在もオーナーが居住。南イタリア風のテラスでは庭を眺めながらスイーツメニューが楽しめる。豪華な家具や絵画などが並ぶ館内を、心ゆくまで見てまわろう。

☎078-271-3346 住神戸市中央区北野町1-6-15 ¥入館800円 ⏰10～17時（カフェは土・日曜、祝日のみ営業）休火曜 交JR三ノ宮駅から徒歩15分 Pなし MAP P57

家具は19世紀イタリアの彫刻家・V.エモーヌが手がけたもの

ケーキセット1500円

店内のアンティーク家具がクラシックな雰囲気を演出

ちゅうごくさいかん とうてんかく

中国菜館 東天閣

記念日のお祝いはここで、大切な人と食べたい！

現存するなかで最古といわれる、明治27年（1894）建設の異人館をそのまま利用したレストラン。フカヒレやアワビといった高級食材を使う宮廷料理が楽しめる。重厚な雰囲気と料理は記念日使いにぴったり。

☎078-231-1351 住神戸市中央区山本通3-14-18 ⏰11時30分～14時30分、17～21時 休無休 交JR元町駅から徒歩10分 Pなし MAP 付録P7B2
※個室料として飲食代の10%がかかる

季節の食材を取り入れたロイヤルコース6600円（写真は2人前）

ウィーン生まれの伝統菓子とワインを

「ウィーン・オーストリアの家」では、ウィーンから直送される伝統菓子を味わうことができる。インペリアル・トルテセット1350円など。ワイン酒場をイメージしたテラスで優雅なひとときを。(☞P57)

きたのいじんかん きゅうむーあてい

北野異人館 旧ムーア邸

貴重なレトロ洋館で至福のスイーツタイム

ハーブ咲くガーデンを
眺めながら過ごせる。
ガーデン席もあり

築明治31年（1898）の、歴史を感じるコロニアル様式の洋館。長らく非公開だったが現在はカフェとして開放されている。クラシカルなインテリアのなかで、銀座の老舗伝統のデザートを味わえる。北野らしくシックでおしゃれなランチ&スイーツタイムを過ごそう。

☎078-855-9789 住神戸市中央区北野町2-9-3 🕒11～17時 休火曜 交地下鉄新神戸駅から徒歩8分 Pなし MAP P57

苺のミルフィーユ1500円。フランス料理店「銀座マキシム・ド・パリ」の逸品。軽いパイの間はコアントロー香るクリームたっぷり

すたーばっくす こーひー こうべきたのいじんかんてん

スターバックス コーヒー 神戸北野異人館店

異色のコラボにうっとり、神戸らしいスターバックス

約100年前にアメリカ人邸宅として建てられた異人館がスターバックスに。コロニアル様式の建築と、スターバックス独特のスマートでおしゃれな空気感がマッチしている。神戸限定デザインのマグカップ2600円もチェック!

☎078-230-6302 住神戸市中央区北野町3-1-31北野物語館 🕒8～22時 休不定休 交 JR三ノ宮駅から徒歩11分 Pなし MAP P56

調度品に囲まれた
6つの部屋から
お気に入りを探そう
KOBE

スターバックス ラテ（T）495円と定番のチョコレートチャンクスコーン310円

2階はおしゃれな椅子
やソファでくつろげる。
テラス席はペットOK!

フレンチトーストプレート2500円にはベーコンやヨーグルトも付く

ぱんとえすぷれっそといじんかん

パンとエスプレッソと異人館

異人館をリノベーションした話題店

明治28年（1895）築の旧門兆鴻邸（旧ディスレフセン邸）に2024年6月オープン。「パンとエスプレッソと」定番の食パン・ムーを使ったプレートなどを味わえる。2階には書店「異国のトビラ」を併設。

☎078-940-0035 住神戸市中央区山本通3-5-19 🕒カフェ8～17時LO、ベーカリー9～18時 休不定休 交JR三ノ宮駅から徒歩18分 Pなし MAP付録P7B2

📖 美術館や展示館として利用されている異人館はカフェ併設のところも多数。ほとんどがカフェのみでの利用ができます。

絵本のような個性派店で異国を感じる雑貨探し

北野には、ヨーロッパからインポートされた雑貨やハンドメイドの雑貨がたくさん。内装や雰囲気もすてきな人気ショップで、ゆっくりお気に入りを探しましょう。

A

B

C

D

ちいさなあとりえ＊つぼみ

小さなあとりえ＊蕾

小さいお家に集まった手仕事雑貨

異人館の集まるエリアにある、面積1坪ほどの雑貨店。商品は15人の作家によるハンドメイドで、すべて一点ものという貴重なセレクト。アクセサリーや文具などを扱う定番コーナーのほか、作家による期間限定の展示コーナーもあり、掘り出し物が見つかりそう（売り切れの場合あり）。

☎078-261-0156 住神戸市中央区北野町2-12-11
⏰11～16時 休日～火曜 交JR三ノ宮駅から徒歩15分
Pなし MAP P56

Ⓐ作家による手作りのステンドグラス看板。表面に描かれた「蕾」の文字に注目！ Ⓑ文字盤以外が白檀などの硬い木で作られた時計2万9700円～は贈り物にも最適 Ⓒお店に住む、見える人にしか見えない妖精達（人形）各3000円～ ⒹThank youやHappy birthdayなど文字が入ったおうち型のメッセージボックス1500円～

まの
mano

パワフルでカラフルなラテン雑貨

メキシコや中南米中心の雑貨が揃う店。店内には色鮮やかな雑貨が並び、ラテンの雰囲気が漂う。店名はスペイン語で「手」を意味する。

☎078-777-7631 住神戸市中央区中山手通2-18-1 ⏰13時～18時30分 休火・木曜（祝日の場合は翌日）交JR三ノ宮駅から徒歩10分 Pなし MAP付録P7B3

Ⓔインパクト大なガイコツのピアス1760円 Ⓕミラグロの十字架2640円 Ⓖひとつひとつ手作りのブリキのマグネット各880円

まるか
MARKKA

北欧雑貨が集まるショップ&カフェ

北欧のデザインに惹かれた店主が、現地で直接買い付けた雑貨が並ぶ。フィンランドの名窯の食器を使用できるカフェスペースも人気。

☎078-272-6083 住神戸市中央区山本通3-1-2谷口ビル2階 ⏰13～17時（16時LO）休SNSで要確認 交JR三ノ宮駅から徒歩8分 Pなし MAP付録P7B2

Ⓚフィンランドのイラストレーター・マッティ・ピックヤムサの作品集2640円 Ⓛ森の動物を描いたポストカード1枚330円 Ⓜ贈られた人に幸せが訪れるという木製のカップ・ククサ6600円～

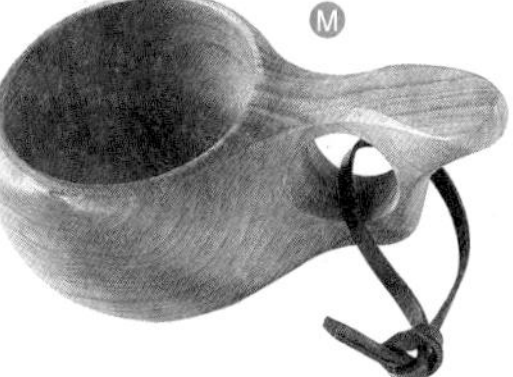

ろしあざっか いりえのほとり
ロシア雑貨 いりえのほとり

おとぎの国の色使いがキュート

マトリョーシカやロシア食器が並ぶロシア雑貨専門店。ロシアから直接買い付けた品々は、個々の作家の個性が表れた一点もの。

☎078-291-0031 住神戸市中央区山本通2-9-15 ⏰11～17時（土・日曜、祝日10時30分～18時）休月曜（祝日の場合は営業）交JR三ノ宮駅から徒歩15分 Pなし MAP付録P7C2

Ⓗシベリア地方の白樺樹皮で作られるベレスタの小箱2750円～ Ⓘマトリョーシカのペンケース2500円～、ボールペン730円～ Ⓙマトリョーシカ6500円～。ほかにもいろいろな動物マトリョーシカが揃う

めぞん・ど・ぷろゔぁんす
メゾン・ド・プロヴァンス

太陽に愛された南仏の風を感じる

オーナー自らが現地でセレクトした南フランス・プロヴァンス地方のかわいい雑貨を扱う店。人気カフェ「Bistrot Cafe de Paris」の隣にある。

☎078-241-0508 住神戸市中央区山本通1-7-21 ⏰11時30分～17時 休不定休 交JR三ノ宮駅から徒歩10分 Pなし MAP付録P7C2

Ⓝ撥水加工が施されたテーブルクロス1万4300円～（直径約180㎝） Ⓞコム・レ・パピヨン バッグ3万1900円。約15色での展開

紹介店以外でもインポート商品はさまざまなお店に隠れています。気になった商品は店員さんに尋ねてみて！

異人館だけじゃない!
話題のスポットをチェックして

北野の見どころは異人館街だけではありません。
緑豊かな高台のハーブ園や新しいグルメスポットも必見です。

秋にはコキアや紅葉で園内が染まる

こうべぬのびきはーぶえん/ろーぷうぇい

神戸布引ハーブ園/ロープウェイ

四季折々の花と夜景が見事

神戸の街と海を一望するロープウェイで向かう、日本最大級のハーブ園。レストランではハーブを使った8種の前菜スタンドが付くセット3190円などが楽しめる。

☎078-271-1160 住神戸市中央区北野町1-4-3 ¥ロープウェイ往復+入園2000円(17時～は展望エリアのみ1500円、11月上旬～12月25日は異なる) ⏰9時30分～16時45分(土・日曜、祝日は～20時15分、季節により異なる) 休悪天候時(ロープウェイ点検のため秋・冬期運休・休園あり) 交地下鉄新神戸駅から徒歩5分のハーブ園山麓駅よりロープウェイで10分、ハーブ園山頂駅下車すぐ Pなし MAP付録P3C3

▶ロープウェイで絶景を360度堪能しよう

こうべきたののすた

神戸北野ノスタ

新オープンの食の複合施設

旧北野小学校跡地に2024年11月オープンの複合施設。「食」をテーマに7店舗が集い、神戸らしさを楽しめるショップやレストランが入店する予定。

☎078-891-6442 住神戸市中央区中山手通3-17-1 ⏰休季節により異なる 交JR三ノ宮駅から徒歩12分 P25台 MAP付録P7B3

▲旧小学校の建物を生かし、洗練された雰囲気に生まれ変わる ※画像はすべてイメージ

▶パティシエの作りたてを提供するパンケーキは、イートインも持ち帰りも可能(左)。レストランでは神戸牛など地元のブランド食材を使用(右)

北野異人館街の誕生と変遷をたどる

空襲や震災など、さまざまな災害を乗り越えて今に残る異人館。知っておくといっそう興味深く見学できる異人館の成り立ちをご紹介。

見晴らしのよい高台は異人たちもお気に入り

神戸の北野が日本で広く知られるようになったのは、治承4年(1180)のこと。平清盛が、福原遷都に際して京都の北野天満宮をこの地に勧請したことが由来とされている。そんな北野が異人館街として栄えたのは、旧居留地に住んでいた外国人(異人)たちが北野の景観の美しさに注目したことが始まりだ。

慶応3年(1868)、神戸港開港に伴い日本に訪れた外国人たちは、当初、港に近いエリアに居住するように定められた。東西は現在のフラワーロードから鯉川筋まで、南北は国道2号から大丸神戸店までの範囲で、今の「旧居留地」とよばれるエリアだ。

A代表的な社交クラブ「神戸クラブ」(神戸市立博物館蔵) B諏訪山からの風景。日本家屋のなかに異人館が見られる(神戸市立博物館蔵)

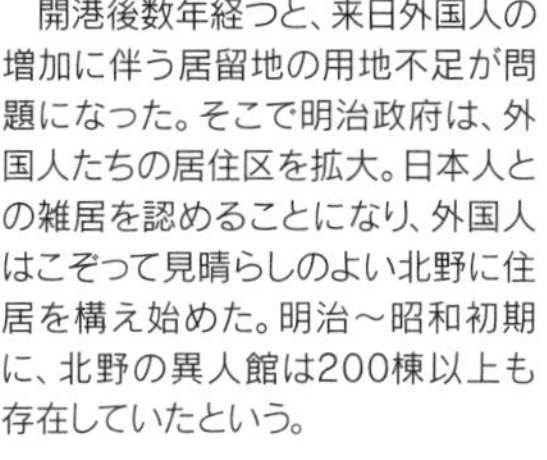

開港後数年経つと、来日外国人の増加に伴う居留地の用地不足が問題になった。そこで明治政府は、外国人たちの居住区を拡大。日本人との雑居を認めることになり、外国人はこぞって見晴らしのよい北野に住居を構え始めた。明治〜昭和初期に、北野の異人館は200棟以上も存在していたという。

衰退する神戸の異人館を文化財として保存する活動

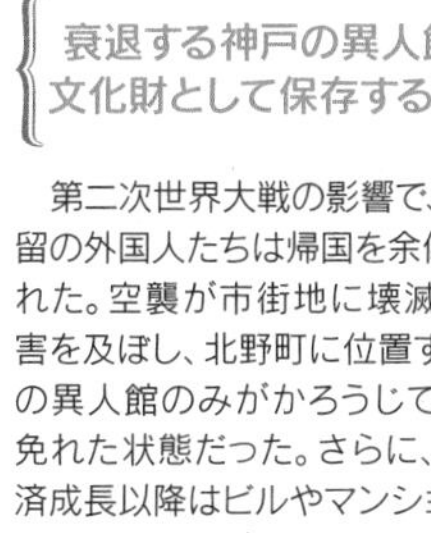

第二次世界大戦の影響で、神戸在留の外国人たちは帰国を余儀なくされた。空襲が市街地に壊滅的な被害を及ぼし、北野町に位置する一部の異人館のみがかろうじて被災を免れた状態だった。さらに、高度経済成長以降はビルやマンションなどへの建て替えが進み、異人館街はかつての景観を大きく損なわれた。

そのようななかで異人館街が再び注目され始めたのは、昭和52年(1977)のNHK連続テレビ小説『風見鶏』の放送がきっかけ。景観のよさや、一軒一軒の建築の歴史的価値の高さが見直され、わずかに残る30数棟の建築物は、昭和55年(1980)に重要伝統的建造物群保存地区の選定を受けた。

平成7年(1995)に発生した阪神・淡路大震災により、異人館街も建物が半壊・全壊するほどの影響を受けたが、全国の自治体やボランティア団体による修復支援の末、観光地として賑わいをみせるほど見事に復興を果たしている。

北野異人館街のシンボルともいえる「風見鶏の館」

数々の困難な歴史を乗り越えてきた異人館街。その成り立ちを知って見学すれば、すばらしさをより深く実感できるのではないだろうか。

Cかつては「萌黄の館」のようなコロニアル様式の建築が多かった D異人館のなかで最初に公開された「うろこの家・展望ギャラリー」

これしよう！

トアロードでウインドーショッピング

三宮～元町には、わざわざ行きたくなるお店がたくさん並ぶ（☞P74）。

これしよう！

南京町でオリエンタル気分

中華街として知られる南京町を歩き、目と舌の両方楽しんで（☞P70）。

これしよう！

コスパのよい店で神戸グルメを満喫

ランチはもちろん、遅くまで営業している便利な店も多い（☞P66）。

トアロードにある
マキシンの帽子（☞P75）

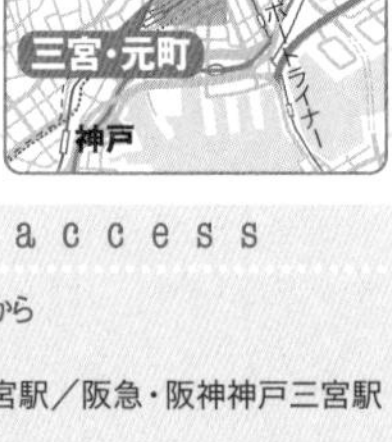

グルメもショッピングもおまかせ

三宮・元町

さんのみや・もとまち

こんなところ

有名ベーカリーやスイーツ店はもちろん、安カワファッションアイテムや実力派のグルメ・バースポットも充実する神戸一の繁華街。店が集まる三宮駅と元町駅周辺を歩いたり、線路の下にコアなお店が集まる高架下で個性派ショップ巡りを楽しもう。

三宮・元町は
ココにあります！

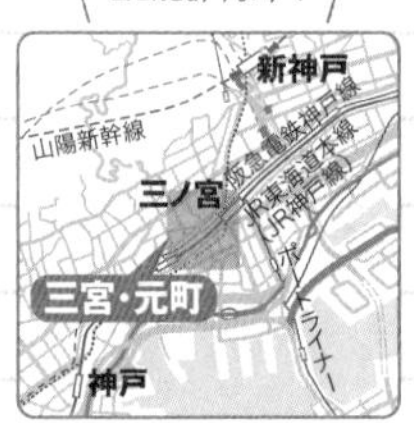

access

●三宮から

【徒歩】
JR三ノ宮駅／阪急・阪神神戸三宮駅からすぐ

【電車】
三ノ宮駅からJR神戸線で1分、元町駅下車すぐ

広域MAP 付録P8～10

～三宮・元町 はやわかりMAP～

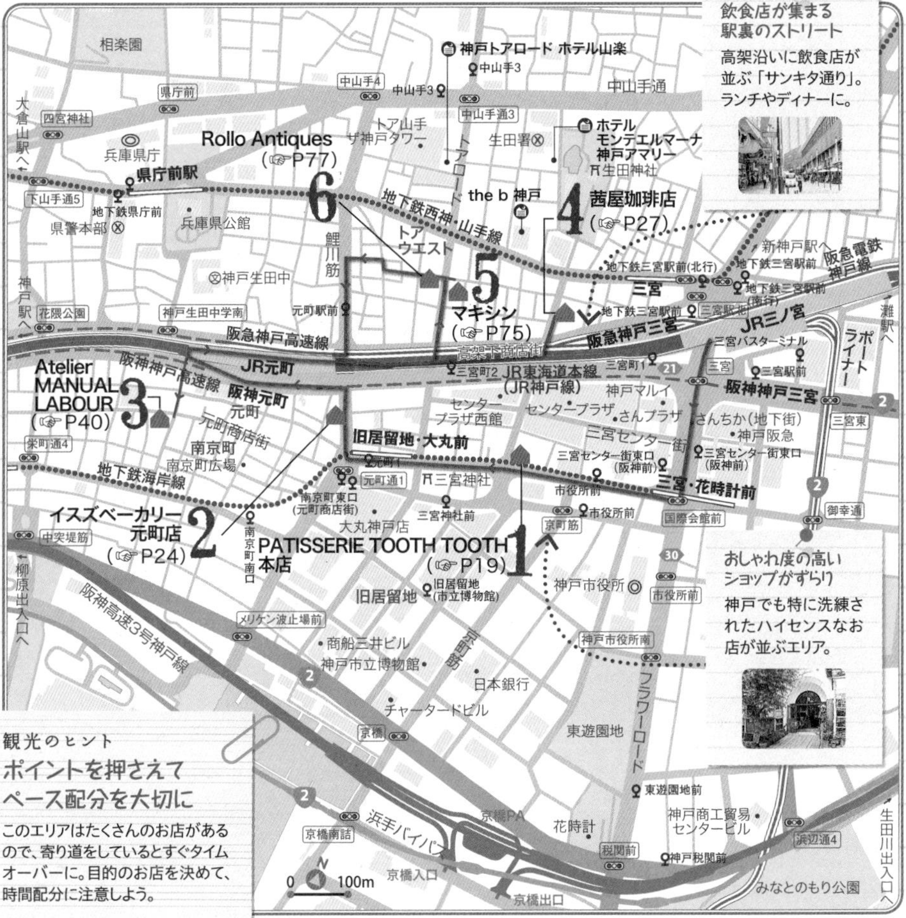

Rollo Antiques
（☞P77）
6

the b 神戸

4 茜屋珈琲店
（☞P27）

5 マキシン
（☞P75）

Atelier MANUAL LABOUR
3
（☞P40）

イスズベーカリー 元町店
2
（☞P24）

PATISSERIE TOOTH TOOTH 本店
1
（☞P19）

神戸トアロード ホテル山楽
ホテル モンテエルマーナ 神戸アマリー
相楽園
兵庫県庁
県庁前駅
兵庫県公館
県警本部
神戸生田中
トア山手 ザ神戸タワー
生田署
生田神社
トアウエスト
トアロード
鯉川筋
中山手通
地下鉄西神・山手線
阪急神戸高速線
阪神神戸高速線
JR元町
阪神元町
元町
元町商店街
南京町
南京町広場
地下鉄海岸線
旧居留地・大丸前
三宮神社
大丸神戸店
高架下商店街
JR東海道本線（JR神戸線）
神戸マルイ
センタープラザ西館
センタープラザ
さんプラザ
三宮センター街
さんちか（地下街）
神戸阪急
三宮・花時計前
阪急神戸三宮
JR三ノ宮
阪神神戸三宮
阪急電鉄神戸線
新神戸駅へ
三宮
ポートライナー
灘駅へ
大倉山駅へ
神戸駅へ
柳原出入口へ
阪神高速3号神戸線
旧居留地
神戸市役所
商船三井ビル
神戸市立博物館
京町筋
日本銀行
チャータードビル
東遊園地
フラワーロード
京橋PA
浜手バイパス
花時計
神戸商工貿易センタービル
京橋入口
京橋出口
みなとのもり公園
生田川出入口へ
0 100m

飲食店が集まる駅裏のストリート

高架沿いに飲食店が並ぶ「サンキタ通り」。ランチやディナーに。

おしゃれ度の高いショップがずらり

神戸でも特に洗練されたハイセンスなお店が並ぶエリア。

観光のヒント

ポイントを押さえてペース配分を大切に

このエリアはたくさんのお店があるので、寄り道をしているとすぐタイムオーバーに。目的のお店を決めて、時間配分に注意しよう。

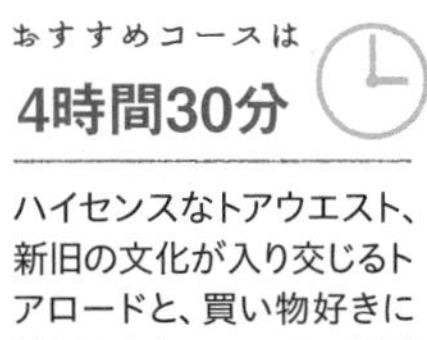

ハイセンスなトアウエスト、新旧の文化が入り交じるトアロードと、買い物好きにはたまらないコース。老舗ベーカリーや話題のケーキ屋さんなどグルメも目が離せない！

お昼からしっかり食べたいならここ、三宮・元町の駅近で注目のランチ

何かとバタバタしてしまう旅行中のランチをもっと楽しく!
駅近で、バランス・ボリューム・コスパの3拍子揃ったセットメニューを紹介します。

野菜たっぷりのおかずと
玄米ご飯でヘルシーランチ

ランチB 1200円
週替わりのメイン料理にお惣菜2品、デザートが付く。玄米ご飯は古代米入り。土・日曜、祝日は1300円
※なくなり次第終了

にじ かふぇ
niji cafe

店主夫妻が「自分たちが日々食べたいものをバランスよく」と心がけるランチは、野菜や乾物を生かした滋味あふれる料理がずらり。食後にはオーガニックのドリンクもぜひ。

☎078-392-5680 住神戸市中央区下山手通4-1-19西阪ビル2階 ⏰12時～16時30分LO（ランチは～14時LO） 休水曜、ほか不定休 交JR元町駅から徒歩3分 Pなし MAP付録P9B2

不揃いな椅子が並ぶ窓際のカウンターは一人客の特等席

いだき かふぇ
YIDAKI CAFÉ

ターコイズブルーが印象的な店内で味わえるのは、乳製品や肉・魚を使わず、できるだけオーガニックな食材を使用したヘルシーな料理。自家製スイーツにもファンが多い。

☎078-335-0520 住神戸市中央区三宮町3-6-6 2階 ⏰11時～20時30分LO 休木曜 交JR元町駅から徒歩3分 Pなし MAP付録P9B3

店内はオーストラリアをイメージした空間

隠れ家的な雰囲気で
体が喜ぶカフェごはん

スペシャルプレート 1200円
スープやおかずは野菜たっぷりで体にいいものが盛りだくさん! 内容は月替わり

キャロットケーキ560円。ヴィーガン素材なだけでなく、グルテンフリーにも対応

食後のスイーツも
個性派揃い！

「niji cafe」では、ドリンクとセットになった豆乳のしっとりチーズケーキ1250円など、食後にぴったりな個性派スイーツも提供。チーズのコクがありつつ後口は軽やか。コーヒーと一緒にいかが？

かふぇまめちゃ

カフェ豆茶

「豆」をコンセプトに食事からドリンク・デザートまで楽しめるヘルシーなカフェ。ミニキッシュと枡入り豆ご飯が付く発酵プレートランチのほか、自家製の低糖小豆と白玉のぜんざいパフェも人気。

☎078-392-1582 住神戸市中央区元町通2-4-8 2階 🕘11～19時（フードは～18時LO、カフェは～18時30分LO）休木曜 交JR元町駅から徒歩5分 Pなし MAP P70

その日のメニューを看板でチェック

おいしく食べて体にやさしいプレートランチ

発酵プレートランチ 1400円
麹を使ったヘルシーなランチセットは、月に2回メニューが替わる

チーズと相性バツグンの特製ソースを堪能

熟成チーズ 1400円
塩味の少ないグラナパダーノチーズを崩しながら食べる

ぼろねーぜとみーとそーすのちがいをおしえてあげる

ボロネーゼとミートソースの違いを教えてあげる

カウンター席のみの気軽に入れるボロネーゼ専門店。お肉がゴロゴロ入った特製ソースは2日間かけて仕込み、濃厚な味わいがクセになる。麺はコシの強い極太麺「ビゴリ」を合わせる。山盛りのチーズは増量もできるほか、ハーフサイズもあるので少食の人も安心。

☎078-335-5310 住神戸市中央区三宮町1-9-1センタープラザ東館地下1階 🕘11時～15時30分LO、17時～20時30分LO 休不定休 交JR三ノ宮駅から徒歩3分 Pなし MAP 付録P8D3

回転が早い食券スタイル

ぐりーん はうす しるば

GREEN HOUSE Silva

三宮のビル街で緑に癒やされながら食事ができるオアシス的存在。メニューは豊富で、ランチ、カフェ、ディナーと幅広い用途で気軽に使用できる便利な一軒。

さわやかなテラス席でひと息

☎078-262-7044 住神戸市中央区琴ノ緒町5-5-25 🕘11～23時（金・土曜、祝前日は～24時、フードは閉店1時間前LO、ドリンクは30分前LO）休無休 交JR三ノ宮駅からすぐ Pなし MAP 付録P8F2

昭和オムライス 1300円
昔懐かしいケチャップライスを玉子で包んだスタンダードなオムライス

ケチャップソースとふわとろ玉子の素朴な味

地元の味で気軽に飲むなら 駅直結のEKIZO神戸三宮が便利です

阪急神戸三宮駅直結、神戸三宮阪急ビルの地下と低層階、高架下に広がるグルメエリア。集結した20以上の飲食店からおすすめ5店を紹介。エキナカだから利便性もバツグン！

オリジナルビールと好相性の料理揃い

こうべびあはうぜ

コウベビアハウゼ

国内のクラフトビールを中心に楽しめるモダンダイナー。料理はタパスや炭火で焼き上げた熱々のグリル料理、グループ利用にうれしい大皿料理も。ファクトリーデザインの広々した店内は2フロアあり、ゆったりできるソファ席やライブ感のある炭火オーブンが見える席などが充実している。

☎078-599-8580 住神戸市中央区加納町4-2-1EKIZO神戸三宮1階(山側ゾーン) 🕒11～23時 休無休 交阪急神戸三宮駅直結 Pなし MAP付録P8E3

パラソル付きのテラス席も完備

料理に合うのはこのお酒！

六甲ビールとコラボしたハウゼビール2024。Sサイズ690円

炭火オーブン「ジョスパー」で調理した豪快な「ポークロック」がメインのハウゼコース5000円(4名～、飲み放題付き)

カクテルオイスター6p3278円(手前)。生カキおまかせ3種2ピースずつ、計6ピース3278円(奥)

店内は奥に広く、ゆったりとした造り。少人数でも楽しめる大テーブルも人気

料理に合うのはこのお酒！

カキ×ジャンパーニュ、スパークリングのセットも1380円～

兵庫県産の美味カキと全国のカキが味わえる

おいすたーはうす

オイスターハウス

兵庫県相生のカキを中心に全国の旬のカキをセレクト。シャンパンと合わせて楽しめるよう、とびこ×ワサビ、いくら×ゆず胡椒といったオリジナルのソースで味わうカクテルオイスターなど、アレンジメニューも多彩に展開。EKIZO内でのハシゴ用に軽いメニューも用意。

☎078-595-9905 住神戸市中央区加納町4-2-1EKIZO神戸三宮1階(山側ゾーン) 🕒11～23時 休無休 交阪急神戸三宮駅直結 Pなし MAP付録P8E3

いつでもおいしい！ EKIZOのユーティリティ店

とぅーす とぅーす おん ざ こーなー

TOOTH TOOTH ON THE CORNER

モーニングにランチ、ディナーまで、オールデイに楽しめるデリカフェ&ワインビストロ。名物のロティサリーチキンやピザなど、こだわりの窯焼き料理を、ナチュールワインと一緒にいただける。

☎078-945-8131 住神戸市中央区加納町4-2-1EKIZO神戸三宮1階（山側ゾーン）🕘9～23時 休施設に準ずる 交阪急神戸三宮駅直結 Pなし MAP付録P8E3

カウンター席も用意された店内。ワインが豊富

料理に合うのはこのお酒！

ドリンクメニューも豊富。料理と合わせるならワインがおすすめ。グラス680円～

国産鶏の窯焼き ロティサリーチキン サラダ添え ハーフサイズ4180円（左）。夜のアフターヌーンティー（チーズ、シャルキュトリー、デリ盛り合わせ）2750円（右）

タコス1枚480円～。3枚セットは組み合わせ自由で1380円～とお得

外観もメキシコの屋台のよう。本場よりもおいしいと現地出身の人も集う

料理に合うのはこのお酒！

タコス片手に定番のコロナビールで乾杯！700円

メキシカンな料理を味わう 楽しいストリートフード

しんせいき

新世紀

人気フレンチ&ベーカリースタンドが手がけるメキシコ料理のお店。ストリートフードをコンセプトに、軽い酒のアテから一皿で大満足の定食までメキシコ料理が幅広く揃う。ビールやカクテルなど、アルコールメニューも現地のものを試してみよう。

☎なし 住神戸市中央区加納町4-2-1EKIZO神戸三宮1階（山側ゾーン）🕘11～23時 休無休 交阪急神戸三宮駅直結 Pなし MAP付録P8E3

リーズナブルな魚料理で 全国の地酒がよりおいしく

さかなのじげん

魚のじげん

崩し割烹や立ち飲み酒場も展開する人気店による、昼飲みができる居酒屋。全国からセレクトした30を超える日本酒に合わせたメニューを用意。新鮮な魚をお手頃価格で味わえる定食（平日ランチ限定、売り切れ次第終了）や、特選A5牛を使った牛すじおでん、串焼、肉寿司も人気。

☎078-599-8083 住神戸市中央区加納町4-2-1EKIZO神戸三宮1階（海側ゾーン）🕘11～23時 休無休 交阪急神戸三宮駅直結 Pなし MAP付録P8E3

L字型のカウンターを中心にテーブル席、テラス席もあり

料理に合うのはこのお酒！

十四代495円～（取り扱いがない場合あり、地酒はなくなり次第提供終了）。ほかにも入手困難な酒を揃える

お造り7種盛り合わせ1人前880円（写真は2人前）（上）。プリップリのなぐって炙った明石蛸759円（下）

「EKIZO神戸三宮」にはさまざまな飲食店のほか、フードマーケットやスーパー、雑貨店などもあります。

エキゾチックな南京町でテイクアウト＆おみやげ

あれもこれも欲張っちゃおう

長安門をくぐると街並みは一気に中華風に。極彩色の街並みや点心のいい匂い、人々の熱気あふれる道を歩けば、たちまち別世界に引き込まれます。

▲できたてが並ぶ店先は活気あふれる雰囲気

1 だいどうこう・たいわんたんぱお・なんきんまちてん 大同行・台湾タンパオ・南京町店

本場台湾の小籠湯包専門店

オリジナル手作り点心の専門店「大同行」の小籠湯包専門店。通常の小籠包より肉汁がたっぷり入った小籠湯包をはじめ、蒸餃子や肉焼売など本場台湾の味をリーズナブルな価格で提供する。

☎078-331-5356 住神戸市中央区栄町通1-3-13 ⏰11～18時（土・日曜、祝日は～19時） 休水曜（祝日の場合は営業） 交JR元町駅から徒歩5分 Pなし MAP P71

▲小籠湯包6個450円はもちもちの生地と肉汁が相性抜群

▲愛くるしい表情のブタちゃんまん250円
▶こし餡が詰まったパンダまん250円

2 ほんこん くんえつはんてん こうべ 香港 君悦飯店 神戸

キュートな豚まん&あんまん

鮮度にこだわった海鮮料理が自慢の広東&香港料理の店。店内ではコース料理から一品料理まで、多彩なメニューが味わえる。店頭で販売される点心は見た目がかわいく、食べるのがもったいないくらい。

☎078-954-6061 住神戸市中央区栄町通2-8-12 ⏰10時～21時30分LO 休不定休 交JR元町駅から徒歩5分 Pなし MAP P70

▲1～5階までさまざまな席を用意

グリル一平 元町東店
カフェ豆茶（2F） P.67
元町サントス P.27
澳門街
珠海街
麒麟街
友愛街
月龍
P.45 老祥記 3
天福茗茶 5
西安門
南京西路
元町パークロード
神戸南京町 皇蘭 本店
海龍街
元祖ぎょうざ苑
香港 君悦飯店 神戸 2
神戸牛 吉祥吉 香港街 南京町店 P.33・78
仁愛街
洋食家 双平 P.78
雅苑酒家 南京町本店 P.72
南京南路
パンやきどころ RIKI P.25
ANGIE P.96
中国銀行
海栄門
栄町通

3 ろうしょうき 老祥記

肉汁ジュワ～のモチモチまん

大正4年（1915）創業の老舗で、豚まんの元祖といわれる人気店。1日に1万3000個も売り上げるという豚まんは、弾力のある皮が決め手。醤油風味に味付けした豚バラミンチやネギなど、うま味がぎっしり詰まった具も絶妙!

☎078-331-7714 住神戸市中央区元町通2-1-14 ⏰10時～18時30分 休月曜（祝日の場合は翌日） 交JR元町駅から徒歩5分 Pなし MAP P70

▶具だくさんの豚まん。5個600円、10個1200円で販売

▼混み合う前に早めに並んでゲットしたい

明治の開港とともに 栄えた中国華僑の街

日本三大中華街の一つ「南京町」の始まりは慶応3年（1868）の神戸港開港。清国と通商条約が締結していない当時、外国人居留地外のこの地に華僑が住むようになったという。界隈は熱気あふれる独得の雰囲気だ。

6

えすと・ろーやるなんきんまちほんてん

エスト・ローヤル南京町本店

シューからあふれる濃厚クリーム

シュー・ア・ラ・クレームはオリジナルの濃厚クリームがたっぷり。バニラビーンズをふんだんに使ったクリームは、コクがありながらもあっさりと食べられる。客足の絶えない人気店（商品の価格は変動の場合あり）。

☎078-391-5063 住神戸市中央区元町通1-5-3 ⏲10時～18時30分 休水曜 交JR元町駅から徒歩5分 Pなし MAP P71

▶イチゴの風味が口いっぱいに広がるフレーズ594円

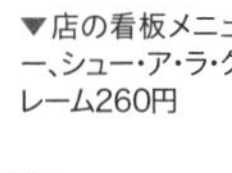

▼店の看板メニュー、シュー・ア・ラ・クレーム260円

▼地元の人にも長く愛されるシュークリーム店

←阪神元町駅へ
元町商店街
ラ・ルーチェ P.141
ユーハイム神戸元町本店 P.20・45
伊藤グリル（2F）P.31
劉家荘 P.72
東栄酒家（2F）P.73
東龍街
海鮮広東料理 昌園 P.73
長城街
6 エスト・ローヤル 南京町本店
中山街
新元町ビル
4 天仁茗茶
長安門
民生 廣東料理店 P.73
南京東路
中華菜館 龍郷 P.73
長春街
神戸元町東急REIホテル P.118
九龍街
1 大同行・台湾タンパオ・南京町店
東栄商行 元町店
鯉川筋
読売神戸ビル
大同生命ビル
N
20m
南京町南口
広域図は付録P11

5

てんふくめいちゃ

天福茗茶

もちもち食感のタピオカドリンク

中国で約1500店を展開する中国茶専門店の日本1号店。テイクアウトできる珍珠奶茶（ちんちゅうないちゃ）（タピオカ入りミルクティー）やオリジナルデザートが揃う。珍珠奶茶は台湾茶やこだわりのジュースを使用。手作りの杏仁豆腐や仙草ミルク、台湾の伝統的定番スイーツの豆花も人気。

☎078-333-0229 住神戸市中央区栄町通2-8-15 ⏲11～19時（カフェ11時30分～17時30分LO）休不定休 交JR元町駅から徒歩5分 Pなし MAP P70

▲2階のカフェではゆっくりと中国茶を楽しめる

▲テイクアウトの黒タピオカ入り珍珠奶茶550円～

4

てんじんめいちゃ

天仁茗茶

種類豊富な中国茶を自宅でも

台湾のウーロン茶やジャスミン茶、紅茶など約300種類もの茶葉を揃える中国茶専門店。本場で好まれる量り売りの高級茶葉から、初心者でも手軽に楽しめるティーバッグまでさまざまな茶葉が揃っている。

▼店内にはずらりと茶壺が並んでいる

☎078-331-6796 住神戸市中央区元町通1-3-3 ⏲10時30分～19時 休無休 交JR元町駅から徒歩5分 Pなし MAP P71

▶中国茶を詰め合わせた台湾茶お試しセット3300円

各通りには、通り名を表すプレートが埋め込まれています。迷ったときは足元に注目してみましょう。

絶対食べたいこの逸品、南京町の名店の看板メニュー

豪華な一品料理やお粥、点心など、あれもこれもと目移りしてしまう中華街。
どこも魅力的だけれど、なかでも特に外せない看板メニューを集めました。

がえんしゅか なんきんまちほんてん

雅苑酒家 南京町本店

ランチでリーズナブルに味わう一品

香港で腕を磨いたシェフを招き、本場の広東料理を提供。野菜ソムリエが厳選した新鮮な素材だけを使用するなど、細部にまでこだわった料理を味わえる。ランチコースのメインは9種から選べるのもうれしい。

☎078-331-8828 住神戸市中央区栄町通2-8-7 🕒11時30分～15時、17時～21時30分 休無休 交JR元町駅から徒歩5分 Pなし MAP P70

常連客も多く、いつも賑やかな雰囲気(上)。活気ある南京町の中心に立つ(下)

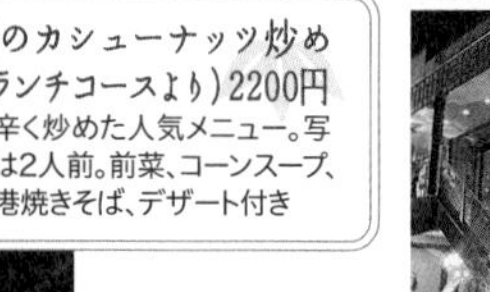

鶏のカシューナッツ炒め(ランチコースより)2200円
甘辛く炒めた人気メニュー。写真は2人前。前菜、コーンスープ、香港焼きそば、デザート付き

りゅうかそう

劉家荘

本場中国で親しまれている鶏料理

秘伝のスパイスが効いた中国版のローストチキン・焼鶏の名店。じっくりと蒸された焼鶏は冷めてもやわらかくておいしいので、持ち帰り用も好評。鶏のせせりミンチにニラ、豆腐などが入ったもちもち水餃子620円もおすすめ。

☎078-391-7728 住神戸市中央区元町通1-4-8 カナエビル1階 🕒11時30分～14時30分LO、17時～20時30分LO 休水曜(祝日の場合は翌日) 交JR元町駅から徒歩5分 Pなし MAP P71

1階はおひとりさまも歓迎のカウンター、2階はテーブル席になっている

焼鶏小皿 860円
若鶏をまるごと揚げてから蒸しているので、皮はパリッと香ばしく、中はしっとりやわらか

海老の炒め物 四川風1980円。プリプリ食感にハマる

オリジナル本格広東料理

旬の素材を生かした香港式の広東料理を提供する「中華菜館 龍 郷(ちゅうかさいかん りゅうきょう)」。フカヒレスープに前菜5種などが付く龍郷限定お一人様コース2200円が人気。

☎078-391-2937 MAP P71

とうえいしゅけ

東栄酒家

油をかけて豪快に調理!

南京町広場に面するロケーション抜群の広東料理店。中華食材の卸屋が母体のため、優れた食材を輸入し料理に使用している。下味をつけて2日寝かせた鶏は、注文を受けてから油をかけて仕上げる。

☎078-322-2115 住神戸市中央区元町通1-3-6 2階 ⏰11時30分～14時30分(日曜、祝日は～15時)、17時～20時30分(土・日曜、祝日16時30分～21時) 休水曜 交JR元町駅から徒歩5分 Pなし MAP P71

鶏の丸揚げ広東風
半羽1980円
さらに油をかけることで、絶妙な火の通り具合に仕上がる

油の温度を徐々に上げながら、鶏に油を何度もかけ続け、皮の香ばしさと身のやわらかさを引き出している

イカの天ぷら(小) 2200円
アオリイカをサクッと揚げた天ぷら。イカの歯ごたえと香ばしい衣のハーモニーが絶妙

広々とした店内には地元の客もたくさん訪れる。スタッフのアットホームなサービスも◎

みんせい かんとんりょうりてん

民生 廣東料理店

老若男女にファンの多いイカ天

地元客の間でも、おやつやお酒のつまみとして親しまれるイカ天が名物。大豆油で揚げられ、ぷりぷりの食感と、イカのうま味が口いっぱいに広がり後を引く。海鮮を中心に旬の食材を楽しむメニューも多い。

☎078-331-5435 住神戸市中央区元町通1-3-3 ⏰11時30分～15時(14時LO)、17～20時(19時LO) 休月曜(祝日の場合は翌日) 交JR元町駅から徒歩5分 Pなし MAP P71

かいせんかんとんりょうり しょうえん

海鮮広東料理 昌園

斬新な広東メニューが揃う実力派

中国料理のなかでも豪華な広東料理の伝統を残しつつも、独創的な料理を生み出し続ける店。毎朝仕入れる魚介を使ったメニューに定評があり、テイクアウトのメニューも楽しめる。

☎078-392-3389 住神戸市中央区元町通1-3-7チャイナスクエアビル1階 ⏰11時～20時30分LO 休不定休 交JR元町駅から徒歩5分 Pなし MAP P71

満腹セット・B
1000円(税別)
エビ・イカ・豚・野菜など具だくさんの汁そばに豚まんとシュウマイが付くお得なセット

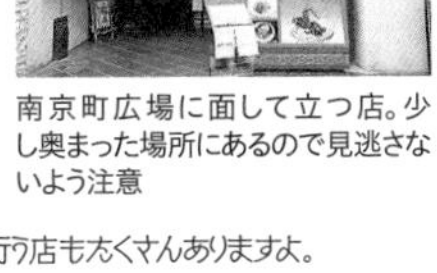

南京町広場に面して立つ店。少し奥まった場所にあるので見逃さないよう注意

南京町には看板メニューのテイクアウト販売を行う店もたくさんありますよ。

老舗から新しい店まで、トアロードでワンランク上のお買い物巡り

古くから居留地の外国人のためのハイカラなお店が並んでいたトアロード。その名残を感じつつ、ラグジュアリーな気分でショッピングを楽しんで。

手みやげにぴったりのレモンケーキ1個220円

焼き菓子セット1800円～

こうべきたのほてる ほてるぶてぃっく　スタート！

神戸北野ホテル ホテルブティック

産地や品質をプロの目で厳選

神戸北野ホテルの朝食で味わえるクロワッサンやコンフィチュールのほか、焼き菓子セット、国産レモンを100%まるごと使用した人気のレモンケーキを販売。厳選された品々は地元の人にも人気。

☎078-222-1909 住神戸市中央区山本通3-14-15 ◷9時30分～17時 休無休 交JR元町駅から徒歩15分 Pなし MAP付録P7B2

神戸北野ホテルの向かいに立つ。ひと味違うおみやげやお気に入りを見つけて

徒歩すぐ

かふぁれる こうべきたのほんてん

Caffarel 神戸北野本店

3つの世紀にわたる歴史と伝統の味

イタリア・トリノ発の老舗チョコレートブランドで、ジャンドゥーヤが有名。てんとう虫やキノコなどをモチーフにしたホイルチョコレートは、集めたくなるほどかわいいルックス。

DATA☞P21

カファレル ジャンドゥーヤ・ディエチ 2376円

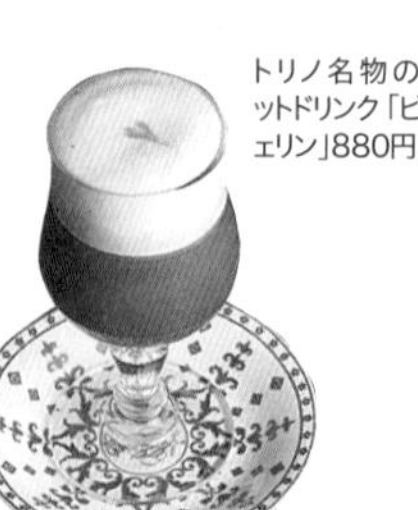

トリノ名物のホットドリンク「ビチェリン」880円

徒歩6分

キュートなチョコレートが並ぶおしゃれな店内

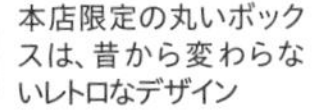
本店限定の丸いボックスは、昔から変わらないレトロなデザイン

世界中から厳選された茶葉が揃う

インド、スリランカ、ケニアなど世界中から60種類以上の紅茶が揃う「紅茶専門店・紅茶教室ラクシュミー」。初心者からプロまで楽しく学べるスクールも開講している。

☎078-391-8841 MAP付録P9C1

ゴール！

脂がのり、とろけるような食感のスモークサーモン1パック756円～

毎年人気のカサブランカ型。麻素材で通気性◎。2万9700円

まきしん
マキシン

ハイカラ文化を受け継ぐ帽子店

昭和15年（1940）の創業以来、職人の手作りによるオリジナル帽子を生み続けてきた。並ぶ帽子は500種類以上。デザインはもちろん、被り心地や軽さにも熟練の技術が込められている。

☎078-331-6711 住神戸市中央区北長狭通2-6-13 🕒11時～18時30分 休水曜（祝日の場合は営業）交JR三ノ宮駅から徒歩10分 Pなし MAP付録P9C2

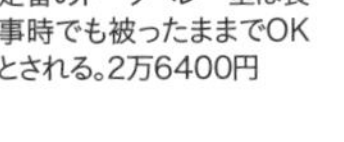
定番のトークベレー型は食事時でも被ったままでOKとされる。2万6400円

奥行きのある明るい店舗で、試着や相談をしながらゆっくり選べる

トアロード中央エリアにある店舗。高級食料品がスタンバイ

とあろーどでりかてっせん
トアロード デリカテッセン

70年以上続く老舗デリカ

創業当時から外国人居住者にも人気がある店で、約12種類あるソーセージや厳選国産牛使用のローストビーフが定番。特選ギフトセット3780円～なども。

☎078-331-6535 住神戸市中央区北長狭通2-6-5 🕒10時～18時30分 休水曜（カフェは12月中休業）交JR三ノ宮駅から徒歩10分 Pなし MAP付録P9C2

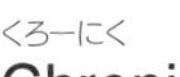

くろーにく
Chronik

洗練された大人のカジュアル

毎週入荷されるセレクトされた洋服や小物に加え、系列店の雑貨店「stad&o」の商品も店内に並び、さまざまなアイテムが揃う。

☎078-391-0393 住神戸市中央区下山手通3-10-18ワコーレトアロードザスイート1階 🕒12時30分～19時 休月～金曜（祝日の場合は営業）交JR元町駅から徒歩7分 Pなし MAP付録P9C2

ガラス小鉢 各880円
ガラス豆皿 各660円

シルエットがきれいな服や小物が充実している

ハンドメイドアクセサリー 各880円（左上、右上）。ガラス花瓶 各1760円（右）

トアロードの名前は、かつてあったトアホテルに由来するとも、「トア」＝ドイツ語の「門」に由来するともいわれています。

トアウエストで発見した ハイセンスな雑貨

神戸の流行発信地トアウエストには個性的な雑貨店が集結。
乙女心をくすぐる、ゆるカワ雑貨のなかからお気に入りを見つけて!

バラがあしらわれたキャンドル
天然蜜蝋のローズアートキャンドル
各4500円 ❶
1つずつ手作業で作られたキャンドル。香料不使用で、蜜蝋本来の心地よい香りが特徴。

淡い水色がお部屋になじむ
アロマポット
3300円 ❷
陶芸家石山佳世子さんのツバメ柄のアロマポット。素朴な水色とアロマの香りに癒やされる。

普段のオシャレに取り入れたい
ブローチ(キノコ)
2090円 ❸
絵のプレートとビーズを組み合わせた個性的なブローチ。胸元はもちろん、カバンにつけても◎。

天然由来のほのかな香りに包まれる
ボディソープ(スミレ、ローズ、ジャスミン)
各3500円 ❶
肌への刺激が少ないボディソープ。汚れを落とすだけでなく、お肌のターンオーバーを促進してくれる。

アシンメトリーのおしゃれなピアス
petri dish ピアス
3300円 ❷
個展も開く人気作家による真鍮製のピアス。いろいろ集めて組み合わせを考えるのも楽しい。

ビーズ刺繍がかわいい
Lumphini パスケース
3850円 ❸
色もデザインもさまざまな人気のパスケース。電車に乗るたびに可愛いケースが目に入って気分が上がる!

あい もなすてり こうべ
Ai Monasteri KOBE ❶

1000年以上前からイタリアの修道院に受け継がれるレシピをもとに、薬草学の博士が開発した天然素材のコスメやスキンケア用品を扱う。☎078-321-2750 住神戸市中央区北長狭通3-5-10 ⏰11時30分～19時30分 休水曜、ほか不定休 交JR元町駅から徒歩2分 Pなし MAP付録P9B3

つばくろざっかてん
ツバクロ雑貨店 ❷

全国各地から手作り雑貨をセレクト。ツバメがモチーフのオリジナル商品も人気が高い。☎なし 住神戸市中央区下山手通3-2-14林ビル3階西 ⏰12時～18時30分 休月・火曜(月曜が祝日の場合は火・水曜) 交JR元町駅から徒歩6分 Pなし MAP付録P9B2

みーちゅ.
mi-chu. ❸

カラフルなインテリアで飾られた乙女チックな空間に、海外で買い付けた珍しい雑貨や作家アイテムが所狭しと並ぶ。☎078-332-1102 住神戸市中央区下山手通3-5-5新安第一ビル3階 ⏰13～19時 休火・水曜 交JR元町駅から徒歩5分 Pなし MAP付録P9B2

トアウエストの常連さんが集うカフェ

トアウエストで居心地のよいカフェといえば「Café Mamounia（かふぇまむーにあ）」。中近東の雰囲気が漂うゆったりカフェです。スイーツは人気店「a la campagne（あらかんぱーにゅ）」の商品を期間限定で提供しています。☎078-332-2837 MAP付録P9B3

かわいい刺繍がアクセント!
おさかなキャップ
2090円 ④

おさかなの刺繍が珍しいキャップ。コーディネートのワンポイントにおすすめ。

機能性と自然への愛を感じる
"KOSTKAMM" WOOD HAIR COMB
3630円(上)、2640円(中)、1980円(下) ⑤

19世紀中ごろよりドイツで手作りされているコストカムのヘアコーム。一点一点、木の色、配色が異なる。

乙女心をくすぐるアイテム
ビーズパック
各220円 ⑥

ヨーロッパのヴィンテージビーズがお得なパックに。組み合わせ無限大で選ぶのが楽しい。

組み合わせてオシャレ度UP!
モールドールキーホルダー
各1320円 ④

スタッフのハンドメイドによるぬいぐるみキーホルダー。自分で作れるハンドメイドキット550円も販売。

遊び心あるアウトドアギア
"BISON DESIGNS" BOTTLE OPENER KEY HOLDER
880円（左・右）、660円（中）⑤

アメリカ・コロラド州のアクセサリーブランドが手がけるキーホルダー。栓抜き機能も付いている。

美しいリトグラフをインテリアに
図版
各1980円～ ⑥

100年以上前の百科事典の絵を1ページずつ販売。精巧なリトグラフを生活に取り入れよう。

さんでーふぃっしゅがーる
Sundayfishgirl ④

かわいいものや女の子がキュンとするものを世界中から集めたセレクトショップ。

☎078-332-5210 住神戸市中央区北長狭通3-11-11福一ビル1階北 🕒12時30分～18時 休月～金曜、ほか不定休 交JR元町駅から徒歩5分 Pなし MAP付録P9B2

じゃんくしょっぷ
JUNK SHOP ⑤

トアウエスト老舗の大型店。アクセサリーや服飾など国内外、新品・中古問わずメンズ・レディスともに豊富に取り揃える。☎078-391-3057 住神戸市中央区北長狭通3-11-15 🕒11時30分～20時 休無休 交JR元町駅から徒歩5分 Pなし MAP付録P9B2

ろろあんてぃーくす
Rollo Antiques ⑥

ヨーロッパのアンティークのボタンやビーズ、チャームなどを中心に扱う。

☎078-334-2505 住神戸市中央区北長狭通3-11-9野山ビル1階 🕒12～18時 休不定休 交JR元町駅から徒歩5分 Pなし MAP付録P9B2

トアウエストは、ネイルサロンが多いのも特徴です。旅の記念に爪を美しく彩ってみてはいかが？

ココにも行きたい

三宮・元町エリアのおすすめスポット

ぐりるみやこ グリルミヤコ

外国航路の船の味を受け継ぐ

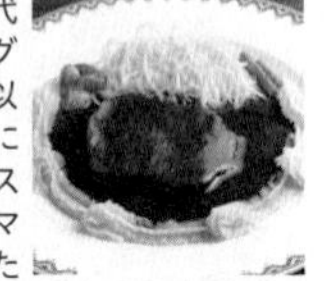

客船コックだった先代が持ち帰った「ドゥミグラスソース」を150年以上継ぎ足して大切に使う。船の中でもソースがこぼれないようにマッシュポテトで囲った牛タンシチュー3000円が楽しめる。DATA☎078-362-0168 住神戸市中央区元町通5-3-5 ⌚11時30分～13時30分LO、17時30分～19時30分LO 休金曜 交JR元町駅から徒歩7分 Pなし MAP付録P12D1

ようしょくや そうへい 洋食屋 双平

サクサクのフライが自慢の手作り洋食

中華街の一角にある洋食店で、薄い衣でさっくり丁寧に揚げるフライが評判。名物のミンチカツは、関西で最初にミンチカツを出したといわれる「三ツ輪屋」の肉を使ったもの。味噌汁とご飯、たっぷりのサラダが付くミンチカツ定食Aは900円。DATA☎078-393-3839 住神戸市中央区栄町通2-9-4 ⌚11～17時LO 休水曜 交JR元町駅から徒歩5分 Pなし MAP P70

いぐれっくべが イグレックベガ

ホテル級の味をお手頃に

"日常の中に感じる非日常"を提供するフレンチレストラン。スタイリッシュな空間で、ランチ2500円～とリーズナブルに本格フレンチが堪能できる。DATA☎078-334-1909 住神戸市中央区元町通1-7-1VEGAビル6階 ⌚11時～14時30分LO、17時30分～20時LO 休月曜（祝日の場合は営業）交JR元町駅から徒歩3分 Pなし MAP付録P11C2

こうべぎゅう きっしょうきち なんきんまちてん 神戸牛 吉祥吉 南京町店

神戸牛を手軽に食べ歩き

世界的ブランド神戸牛を贅沢に使った神戸牛ステーキ（厳選）1500円は、ぜひ食べてみたい。神戸牛一頭買いの吉祥吉グループならではの神戸牛コロッケ250円など、神戸牛を気軽にテイクアウトできる！ DATA☎078-392-2944 住神戸市中央区元町通2-1-14 ⌚10時30分～21時 休不定休 交JR元町駅から徒歩5分 Pなし MAP P70

ばるすとろきっちん バルストロキッチン

ご馳走感たっぷりのイタリア料理で乾杯

地元の食材をメインに使ったイタリア料理を用意。季節を感じられる料理と、それに合わせた各国のワインを楽しめるのも魅力。旬の野菜を使った前菜などが自慢。DATA☎078-391-2773 住神戸市中央区北長狭通2-4-8 3階 ⌚17～22時LO 休不定休 交JR三ノ宮駅から徒歩8分 Pなし MAP付録P9C3

こうべかれーしょくどう らーじくまーる 神戸カレー食堂 ラージクマール

自由な発想で目指すのは神戸カレー

スパイスはもちろん、店主が材料にこだわり考案した独創的で自由なカレーが主役。数量限定のランチプレート1200円は、選べるカレー2種と週替わりの副菜4種の盛り合わせを楽しめる。DATA☎なし 住神戸市中央区下山手通2-13-13 ⌚11時30分～15時、18～22時 休火曜の夜、月曜 交JR元町駅から徒歩4分 Pなし MAP付録P9C2

ようしょくや なかむら 洋食屋 ナカムラ

薄焼きでもふんわり食感のオムライス

新開地の洋食の老舗「グリル一平」で腕を磨いたシェフの店で、名店譲りのオムライス1100円などが味わえると評判。カフェのようなおしゃれな空間で、女性の人気も高い。DATA☎078-321-6711 住神戸市中央区中山手通2-3-19 ロータリーマンション中山手1階 ⌚11時～14時20分LO、17時～19時50分LO 休月曜（祝日の場合は翌日）交JR三ノ宮駅から徒歩10分 Pなし MAP付録P9C1

ほんこんしょくかん 香港食館

本格中華店でコスパ抜群の朝粥

本格的な中華料理をリーズナブルに提供。土・日曜限定のモーニングは、ピータンや海鮮などのおかゆと麺類の2種類から選べる。DATA☎078-392-8802 住神戸市中央区下山手通4-6-6 ⌚11時30分～14時、17時30分～21時（土・日曜は朝食8時30分～10時30分LOも営業）休月曜（ディナーの予約は要問合せ）※祝日の場合は営業 交JR元町駅から徒歩5分 Pなし MAP付録P9A2

くれあかふぇ CREA Mfg. CAFE

チーズケーキのバリエーションが魅力

店内正面のショーケースにはチーズケーキだけで約15種類が並ぶチーズケーキ専門店。クリームチーズや青カビチーズなど多彩なチーズ使いがたまらない。カフェラテやワインとのペアリングを楽しんで。DATA☎078-332-0707 住神戸市中央区下山手通3-4-3-2 Grand Terrace Kobe Motomachi2階 ⌚11時30分～23時 休無休 交JR元町駅から徒歩5分 Pなし MAP付録P9B2

こうべようげいがし ぼっくさんさんのみやてん
神戸洋藝菓子 ボックサン三宮店

神戸っ子に親しみ深いおやつ

昭和39年(1964)創業の神戸生まれのケーキ店。ブリュレやタルトなど7種類のスイーツを盛り合わせたケーキプレート 彩ドリンクセット1870円はぜひ味わいたい。DATA☎078-391-3955 住神戸市中央区三宮町2-6-3 ⏰11～19時（カフェ12時～18時30分LO）休無休 交JR元町駅から徒歩5分 Pなし MAP付録P9C4

ほんこんすいーつかふぇ ていむまっまっ
香港甜品店 甜蜜蜜

充実の香港メニューが女性に人気

1960年代の香港をイメージしたカフェ。アンティークのランプシェードなどが飾られ、レトロな雰囲気が漂う。杏の種から手作りした杏仁豆腐850円や中国茶700円のほか、亀ゼリーなどの薬食同源のメニューも好評。お粥なども揃う。DATA☎078-322-3530 住神戸市中央区三宮町3-1-16三星ビル地下1階 ⏰11～20時 休無休 交JR元町駅から徒歩5分 Pなし MAP付録P9B4

ろんしゅくれかふぇ
Rond sucré cafe

コロンと丸いフォルムのスイーツ

店名の由来は同名の丸い焼き菓子。ロンシュクレ ジェラート添え700円をはじめ、ケーキなども丸いフォルムがかわいい。エスプレッソマシンで淹れるコーヒーメニューとともに味わいたい。DATA☎なし 住神戸市中央区海岸通2-4-15 1階 ⏰8～18時 休火曜 交JR元町駅から徒歩6分 Pなし MAP付録P11B2

る・くろわっさん・ど・ばかんす
LE CROISSANT DE VACANCES

驚くほど豊富な種類のクロワッサン

品揃え豊富なクロワッサン専門店。定番のクロワッサンやデニッシュに使う小麦は自社農園や北海道産のもの。クロワッサン生地を使ったマフィンなど、変わり種も並ぶ。DATA☎078-262-1277 住神戸市中央区御幸通5-2-2慶ビル1階 ⏰8～19時（売り切れ次第終了）休無休 交JR三ノ宮駅から徒歩5分 Pなし MAP付録P8F4

のいえこうべてん
ノイエ神戸店

長く使いたい文房具がズラリ

"人生を共に過ごす愛着の湧く商品"をテーマに、実用的でデザイン性豊かなステーショナリー雑貨を国内外から集めたセレクトショップ。DATA☎078-291-4601 住神戸市中央区雲井通7-1-1ミント神戸5階 ⏰11～20時 休不定休（ミント神戸に準ずる）交JR三ノ宮駅からすぐ Pミント神戸提携駐車場利用 MAP付録P8F3

ながさわぶんぐせんたー ほんてん
ナガサワ文具センター 本店

定番からオリジナルまで文具はここ

神戸随一の品揃えを誇る文具店。スタイリッシュな万年筆から、豊富な画材、神戸をイメージしたアイテムまで充実している。写真はナガサワ限定色の書きやすいボールペン各1100円。DATA☎078-321-4500 住神戸市中央区三宮町1-6-18ジュンク堂書店3階 ⏰10～21時 休不定休 交JR三ノ宮駅から徒歩5分 Pなし MAP付録P9C3

みんとこうべ
ミント神戸

ライフスタイルにこだわる大人の商業施設

ショッピングやシネマなどが楽しめる複合型商業施設。館内にはファッションやコスメをはじめ、インテリアやグルメなど、人気のショップが集まっている。JR三ノ宮駅東口に立つのでアクセスも抜群によい。DATA☎078-265-3700 住神戸市中央区雲井通7-1-1 ⏰ファッション11～20時、グルメ11～23時（一部店舗は異なる）休不定休 交JR三ノ宮駅からすぐ P提携駐車場利用 MAP付録P8F3

こうべふうげつどう もとまちほんてん
神戸凮月堂 元町本店

神戸で愛される老舗菓子店

看板商品のゴーフルでおなじみの歴史ある店。神戸限定缶の神戸六景ミニゴーフルが人気。店内奥に併設の喫茶では、銅板焼きのホットケーキや特選あんみつを楽しめる。DATA☎078-321-5598 住神戸市中央区元町通3-3-10 ⏰10～18時（喫茶11時～17時30分LO）休販売は無休、喫茶は月曜 交JR元町駅から徒歩5分 Pなし MAP付録P11B2

ら・ぴえーる・ぶらんしゅ
La Pierre Blanche

こだわりショコラを1粒から

風味豊かなチョコレートが揃う専門店。"日本にチョコレート文化を広めたい"をコンセプトに、一粒一粒手作りしている。ボンボンショコラはいずれも1粒300円～で購入できる。このほか焼き菓子も充実。DATA☎078-321-0012 住神戸市中央区下山手通4-10-2 ⏰10時～18時30分（日曜、祝日は～18時）休火曜、月1回不定休 交JR元町駅から徒歩5分 Pなし MAP付録P9B2

これしよう！

個性派揃いのショッピング

著名ブランドからエッジな古着店まで、お買い物もバリエ豊富（☞P86）。

これしよう！

レトロ空間のカフェでひと休み

レトロビルの空間を生かしたカフェやバールはココならでは（☞P84）。

これしよう！

レトロビルを眺めて歩こう

意匠を凝らしたレトロ建築群。ヨーロッパの街並みのよう！（☞P82）

大丸神戸店でおみやげを（☞P89）

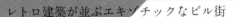

レトロ建築が並ぶエキゾチックなビル街

旧居留地

きゅうきょりゅうち

こんなところ

三宮～元町の浜手。開港時に外国人居留地として整備され、のちにオフィス街として発達した。大正～昭和初期に建てられたビルの一部は現在も残り、独特の街並みを形づくっている。レトロビルを利用した飲食店やショップ、また有名ブランドの大型店舗も点在する。

旧居留地はココにあります！

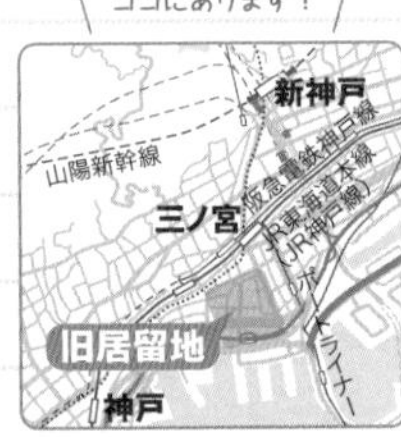

access

●三宮から

【シティーループ】
地下鉄三宮駅前（南行）から約3分、市役所前下車、徒歩3分

【電車】
JR三ノ宮駅／阪急・阪神神戸三宮駅から徒歩10分

広域MAP 付録P10・11

～旧居留地 はやわかりMAP～

旧居留地

元町駅前
地下鉄三宮駅前
神戸駅へ
JR三ノ宮
阪急神戸三宮
阪急神戸高速線
高架下商店街
JR元町
神戸市総合インフォメーションセンター
三宮町1
三宮町2
阪神元町
JR東海道本線(JR神戸線)
阪神電鉄本線
三宮
21
阪神神戸三宮
センタープラザ西館
センタープラザ
神戸マルイ
神戸BAL
さんプラザ
さんちか(地下街)
元町商店街
三宮センター街
神戸阪急
みなと元町駅へ
南京町
南京町広場
旧居留地・大丸前
三宮オーパ
三宮センター街東口(阪神前)
クレフィ三宮
三宮センター街東口(阪神前)
元町1
元町通1
三宮神社
地下鉄海岸線
神戸国際会館
南京町東口(元町商店街)
鯉川筋
三宮神社前
京町筋
三宮・花時計前
国際会館前
南京町南口
市役所前
旧居留地38番館
(☞P82)
5
6
大丸神戸店
(☞P88)
京町筋
市役所前
BLUE BLUE KOBE
(☞P87)
3
旧居留地(市立博物館)
京町筋
中央区役所
神戸市役所
有名ブランドの大型店が多数
国内外の人気ブランドのフラッグシップショップが多いのも特徴。
柳原出入口へ
シップ神戸海岸ビル
旧居留地
高砂ビル
神戸市庁舎展望ロビー(24F)
30
メリケン波止場前
1
神戸市立博物館
(☞P83)
旧居留地15番館
日本銀行
神戸市役所南
神戸商船三井ビルディング
4
(☞P82)
チャータードビル
神戸ポート局
フラワーロード
2
Salon15 TOOTH TOOTH
旧神戸居留地十五番館
(☞P85)
東遊園地公園
京橋
ヨーロッパ風の街並みが広がる
元外国人居留地として設計されたため、道の広さなども欧米仕様。
阪神高速3号神戸線
2
京橋南詰
京橋PA
花時計
生田川出入口へ
0
100m
観光のヒント
平地で歩きやすい。移動時間だけ要注意
他エリアより区割りが広く建物も大きいので、案外移動距離があるのが注意点。とはいえ三宮や元町から徒歩で十分まわれるのでご安心を。
おすすめコースは
4時間
まずは博物館で街の成り立ちをお勉強。歴史あるビルのカフェで休憩した後は、街並みを観光しながらショッピングを。駅に戻る前に大丸でおみやげもチェックしよう。
スタート
JR三ノ宮駅
徒歩10分
1
見学
神戸市立博物館
徒歩すぐ
2
カフェ
Salon15 TOOTH TOOTH 旧神戸居留地十五番館
徒歩すぐ
3
買う
BLUE BLUE KOBE
徒歩2分
4
見る
神戸商船三井ビルディング
徒歩3分
5
見る
旧居留地38番館
徒歩すぐ
6
買う
大丸神戸店
徒歩3分
ゴール
JR元町駅

旧居留地で出合う レトロビル鑑賞のススメ

大正〜昭和初期に建てられた重厚なレトロビルが並ぶ街。
似ているようでちょっとずつ違う、建築鑑賞のポイントはこちらです。

きゅうきょりゅうちさんじゅうはちばんかん

旧居留地38番館

ギリシャ建築の流れをくむ重厚な銀行ビル

セピアカラーの石積みが時代を感じさせる、元銀行ビル。現在は隣接する大丸神戸店（☞P88）の別館で、おしゃれなショップなどが入る。

☎050-1781-5000（大丸神戸店）住神戸市中央区明石町40 営11〜20時 休不定休 交JR元町駅から徒歩5分 P大丸神戸店駐車場利用615台 MAP付録P10D2

築年 昭和4年(1929)
前身 ナショナル・シティバンク神戸支店
設計 ヴォーリズ建築事務所

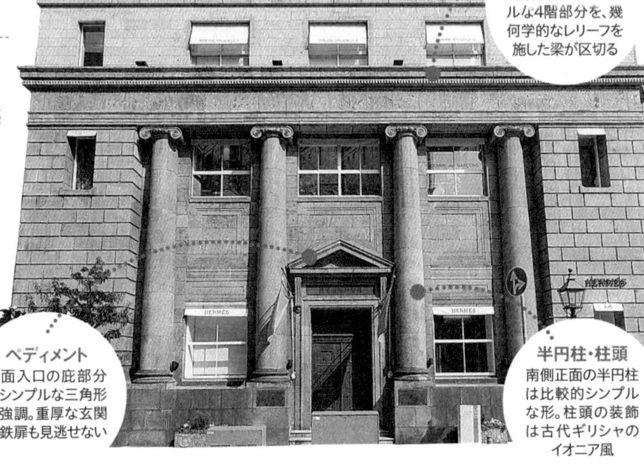

梁（コーニス）
意匠を凝らした1〜3階部分と、シンプルな4階部分を、幾何学的なレリーフを施した梁が区切る

ペディメント
正面入口の庇部分はシンプルな三角形を強調。重厚な玄関の鉄扉も見逃せない

半円柱・柱頭
南側正面の半円柱は比較的シンプルな形。柱頭の装飾は古代ギリシャのイオニア風

ちゃーたーどびる

チャータードビル

築年 昭和13年(1938)
前身 チャータード銀行神戸支店
設計 J.H.モーガン

現代に蘇った優雅な銀行建築

大通りに面したファサードの列柱が目を引く。元銀行ビルで、大理石を使った吹き抜けフロアなどが残る。現在は外観のみ鑑賞可。

住神戸市中央区海岸通9 交JR元町駅から徒歩10分 P周辺駐車場利用 MAP付録P10D4

梁（コーニス）
吹き抜けの1・2階と上階を区切るモザイク調のレリーフ

ペディメント
正面2カ所の入口庇は、西側が三角形、東側が曲線状と非対称の妙

半円柱・柱頭
根元から柱頭に向かってゆるやかに細くなる優雅な柱。柱頭はイオニア風

こうべしょうせんみついびるでぃんぐ

神戸商船三井ビルディング

海岸通に映える華やかな外壁装飾

ルスティカ仕上げの石積み、曲線的なデザインが特徴的な、アメリカン・ルネサンス様式の名建築。1階には大丸神戸店の物販店などが入る。

住神戸市中央区海岸通5 交JR元町駅から徒歩7分（店舗以外は入館不可）Pなし MAP付録P11C3

築年 大正11年(1922)
前身 大阪商船神戸支店
設計 渡辺節

ペディメント
アールを描く正面上部には、建物全体を印象付ける半円形の破風

正面玄関
アール・ヌーヴォー風の装飾的な玄関アーチ

こうべしりつはくぶつかん
神戸市立博物館

旧居留地の街並みを象徴する存在

半円柱
ドリス式の円柱が3フロアを貫くジャイアント・オーダー
庇
ギリシャ神殿を思わせる帯状の装飾が建物を一周する

築年 昭和10年(1935)
昭和57年(1982)増改築のうえ開館
前身 旧横浜正金銀行神戸支店
設計 桜井小太郎

新古典様式の建物は、昭和初期の名建築といわれる。神戸の歴史や館蔵品について学ぶことができる。国宝「桜ケ丘銅鐸・銅戈群」は常設展示。

☎078-391-0035 住神戸市中央区京町24 ¥コレクション展示室一般300円 ⏰9時30分～17時30分(金・土曜は～20時)※2・3階展示室への入場は閉館の30分前まで 休月曜(祝日の場合は翌平日)、ほか臨時休あり 交JR三ノ宮・元町駅から徒歩10分 P周辺駐車場利用 MAP付録P10D3

▲1階 神戸の歴史展示室

▲2階 コレクション展示室

▲コレクション展示室(聖フランシスコ・ザビエル)

◀国宝「桜ヶ丘銅鐸・銅戈群」が見られる

こうべあさひびるでぃんぐ
神戸朝日ビルディング

扇形を描くファサードにイオニア式の列柱が際立つ。現在はショップや映画館が入る。

住神戸市中央区浪花町59 交JR元町駅から徒歩6分 P周辺駐車場利用 MAP付録P10D2

築年 昭和9年(1934)
平成6年(1994)建替
前身 神戸証券取引所
設計 渡辺節

しっぷこうべかいがんびる
シップ神戸海岸ビル

幾何学的な装飾が美しいレトロビルに高層階を増築。オフィスのほか店舗も入る。

住神戸市中央区海岸通3 交JR元町駅から徒歩10分 P周辺駐車場利用 MAP付録P11C3

築年 大正7年(1918)
平成10年(1998)増改築
前身 三井物産神戸支店
設計 河合浩蔵

しんこうびるぢんぐ
神港ビルヂング

華麗な塔屋をもつ現役のオフィスビル。入口の回転扉や市松模様のタイルなど魅力満載。

住神戸市中央区海岸通8 交JR元町駅から徒歩10分 P周辺駐車場利用 MAP付録P10D3

築年 昭和14年(1939)
前身 川崎汽船本社
(現在も本店が入る)
設計 木下益次郎

100BAN

たかさごびる
高砂ビル

戦後に建てられたシンプルな現代建築。ショップやスタジオなどが入り賑わう。

住神戸市中央区江戸町100 交JR三ノ宮駅から徒歩8分 P周辺駐車場利用 MAP付録P10E3

築年 昭和24年(1949)
前身 高砂商行
設計 不詳

明治32年(1899)居留地返還前から残る唯一の異人館が「旧神戸居留地十五番館」。コロニアル風の建築です(☞P85)。

ダイナミックな空間にうっとり、レトロビルのカフェ&バール

時代を経た建物だけがもつ、独特の空気感に包まれるひととき。
現代も新しい時を刻む、くつろぎのスペースはこちらです。

ありあんす ぐらふぃっく

ALLIANCE GRAPHIQUE

海岸通を代表するリノベーションカフェ

築100年以上のビルの倉庫を改装した店内は、パリのアトリエを思わせる雰囲気。店内はアンティークの家具や照明が配され、むき出しの壁や窓枠もビルの歴史を感じさせる。隠れ家を思わせるこの店だけの特別な空気のなかで、料理やお酒を堪能するすてきなトリップ時間を。16時までのランチセットも人気。

☎078-333-0910 住神戸市中央区海岸通3-1-5 海岸ビルヂング1階北東側 ⏰11時30分～23時(ランチは～16時LO) 休不定休 交JR元町駅から徒歩7分 Pなし MAP付録P11A3

入口の扉も雰囲気あり。どこを切り取っても絵になる

フランス人に教えてもらったカレーセット デザート付き2090円(11時30分～16時)

2種のクリームチーズを使った濃厚なベイクドチーズケーキ770円

ビルはこちら!

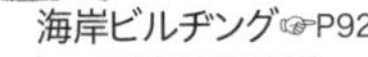

海岸ビルヂング☞P92

あふたぬーんてぃー・てぃーるーむ だいまるこうべてん

アフタヌーンティー・ティールーム 大丸神戸店

陽光が差し込む窓辺で 景色を眺めながらひと休み

大丸神戸店の5階にあるアフタヌーンティー・ティールームのゆるいカーブを描いた大きな窓からは、やさしい光がたっぷり差し込む。バリエーション豊かな紅茶と合わせて、スイーツやパスタなどを楽しみたい。

☎078-331-8446 住神戸市中央区明石町40 大丸神戸店5階 ⏰10～19時（18時30分LO）休不定休 交JR元町駅から徒歩3分 P大丸神戸店駐車場利用615台 MAP付録P10D2

丸みのあるビルの形を生かした空間。窓辺の席が人気

ナチュラルな色合いのレンガの壁がおしゃれ

好みのお茶とスイーツ3品（ハーフサイズ）が選べるアフタヌーンティーセット 1850円 ※14時～

大丸神戸店 ☞P88

柱や装飾など細部までレトロな雰囲気

2階にベランダがあるコロニアルスタイルの建物

アフタヌーンティーセット1人4950円（2名から注文可）※季節により内容は異なる

さろんじゅうご とぅーす とぅーす きゅうこうべきょりゅうちじゅうごばんかん

Salon15 TOOTH TOOTH 旧神戸居留地十五番館

紅茶と洋菓子の新しい体験ができる パティスリー&ティーブティック

2024年6月オープンの「TOOTH TOOTH」の新店舗。神戸に残る最も古い異人館で、国指定重要文化財となっている建物を活用している。

☎078-332-1515 住神戸市中央区浪花町15 ⏰11～20時（フード19時LO、ドリンク19時30分LO）休不定休 交JR元町駅から徒歩8分 P周辺駐車場利用（有料）MAP付録P10D3

旧神戸居留地十五番館 建物所有者:（株）ノザワ

旧居留地のすてき♡ショップクルーズ

スーパーブランドが並ぶ間に、神戸発の小さなショップも点在。洗練された「旧居留地スタイル」を求めてお買い物巡りをしましょう。

雑貨も使いやすく美しいデザインが揃う

スタート！

びしょっぷ こうべほんてん

Bshop 神戸本店

長く愛用したいベーシックなウェアや雑貨

毎日の生活になじむ、シンプルで機能的なデイリーウェアや雑貨を国内外からセレクトして販売。1939年に創業したフランスの老舗「ORCIVAL」をはじめ、古くから愛されてきたブランドの定番は、使い込むほどに味が出て手放せなくなる逸品揃い。

☎078-331-5858 住神戸市中央区浪花町59 神戸朝日ビルディング1階 🕒11～20時 休無休 交JR元町駅から徒歩6分 P周辺駐車場利用 MAP付録P10D2

イギリス・Bradyのショルダーバッグ 3万1900円

ORCIVALの定番ボーダーT 1万4850円～は肌ざわりも◎

店内は広々。レディス・メンズとも充実

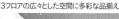

徒歩すぐ

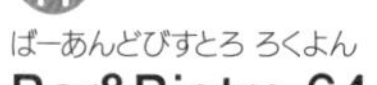

ばーあんどびすとろ ろくよん

Bar&Bistro 64

ランチでひと休み

64名物スパゲティーナポリタン 1298円（ドリンク・パン付き）

旧居留地の64番地！開放感あるビストロ

ランチからちょっと一杯まで、幅広く利用できる人気ビストロ。11～15時のランチセットは、ドリンクバー&パンが付く。テラス席も人気。

☎050-3066-9685 住神戸市中央区浪花町64 🕒11～23時 休無休 交JR三ノ宮駅から徒歩8分 Pなし MAP付録P10D3

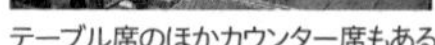

テーブル席のほかカウンター席もある

徒歩3分

3フロアの広々とした空間に多彩な品揃え

個性派アイテムはこちらで！
minä perhonenやエバゴスなどの商品を取り扱うショップ「3 ET DEMI」。ヨコナガトート5万2800円は長財布も入る使い勝手のよいサイズのバッグ。そのほか食器や雑貨類も充実。
☎078-334-2378 MAP付録P10E3

白を基調とした洗練された雰囲気

徒歩3分

すぴてぃふぁーろ
SPITIFARO

人気のバレエシューズ 国内唯一の常設店

「自立した大人の半歩先」を提案するセレクトショップ。国内外からセレクトしたアパレルに加え、シューズブランド「kurun TOKYO」のフィッティングサロンを併設。オリジナルティーのおもてなしを受けながらゆったりとした時間を過ごせる。

☎078-381-9643 住神戸市中央区明石町31-1TESTA神戸旧居留地3階 ⏰11～19時 休火曜 交JR元町駅から徒歩7分 Pなし MAP付録P11C2

軽い、やわらかい、疲れにくいの三拍子が揃ったkurun TOKYOのバレエシューズ1足1万3970円～

大きく存在感のあるキーホルダー1100円

モップセーラーバンダナKOBE 2200円

ぶるーぶるー こうべ
BLUE BLUE KOBE

港町限定マリン雑貨をおみやげに

デニムとインディゴブルーを追求する「BLUE BLUE」の直営店。オリジナルを中心に、ウェアや雑貨を展開。港町・神戸をイメージした限定アイテムも取り扱う。代官山に姉妹店もある。

☎078-954-8812 住神戸市中央区海岸通6建隆ビルⅡ ⏰11～19時（土・日曜、祝日10時30分～）休無休 交JR元町駅から徒歩8分 P大丸駐車場利用 MAP付録P11C3

徒歩2分

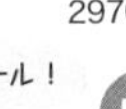

アンティパストの靴下（シーズンによって柄変更あり）2970円～

着心地のよいインド綿のブラウス1万5120円、綿麻ストール1万5120円

ゴール！

あーん すろー
ANNE SLOW

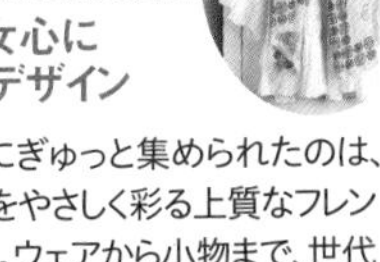

大人の乙女心に フィットするデザイン

小さなお店にぎゅっと集められたのは、大人の女性をやさしく彩る上質なフレンチカジュアル。ウェアから小物まで、世代を問わず、かわいらしさあふれるアイテムを国内外からセレクトしている。

☎078-332-1557 住神戸市中央区海岸通4新明海ビル1階 ⏰11時～19時30分 休無休 交JR元町駅から徒歩7分 Pなし MAP付録P11C3

幅広い世代にファンを集める一軒

徒歩4分

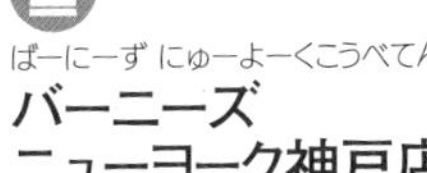

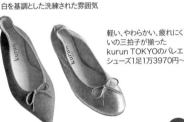

ばーにーず にゅーよーくこうべてん
バーニーズ ニューヨーク神戸店

日々を豊かに彩る ラグジュアリーアイテム

ファッション、インテリア、雑貨など、洗練されたライフスタイルをトータルに提案する。ハイブランドはもちろん、オリジナルの洋服や小物も多彩に展開。

☎050-3615-0715 住神戸市中央区京町25神戸旧居留地25番館 ⏰11～19時 休不定休 交JR元町駅から徒歩6分 P契約駐車場利用 MAP付録P10D3

ファッション小物やジュエリーも合わせて、トータルにスタイリング

ウインドーディスプレイにうっとり

「バーニーズ ニューヨーク神戸店」は関西では初出店の日本4号店で、地下1階～地上2階の3フロアある大きな店舗です。

旧居留地の立役者、大丸神戸店の活用法

旧居留地の元町側の入口にあり、人気のテラスカフェと充実のデパ地下スイーツで、かけ足神戸観光ができます。

だいまるこうべみせ
大丸神戸店

使い勝手多彩なランドマーク百貨店

旧居留地エリアのシンボル的存在。本館のほか近隣にも別館店舗を展開、界隈のショップを牽引する立役者だ。1階にある人気のイタリアンカフェ「カフェラ」は、レトロな回廊に面したオープンテラスがコロニアル風。地階には、百貨店ではレアな神戸ブランドスイーツも充実する。

☎050-1781-5000 住神戸市中央区明石町40 ⏰10～19時（一部店舗により異なる。カフェラ9時45分～20時30分LO）休不定休 交JR元町駅から徒歩3分 P615台 MAP付録P10D2

Ⓐトアロード側入口に立つ風向計付きクロック Ⓑ風格たっぷりのクラシックな外観 ⒸⒹ「カフェラ」のカプチーノ各860円。ラテアートは全9種

1階「カフェラ」でザ・神戸の風景を満喫!

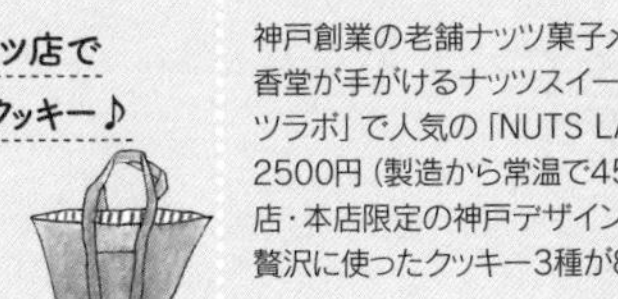

老舗ナッツ店でたっぷりクッキー♪

神戸創業の老舗ナッツ菓子メーカー有馬芳香堂が手がけるナッツスイーツ専門店「ナッツラボ」で人気の「NUTS LAB缶 神戸ver」2500円（製造から常温で45日）。大丸神戸店・本店限定の神戸デザイン缶に、ナッツを贅沢に使ったクッキー3種が8枚ずつ入る。

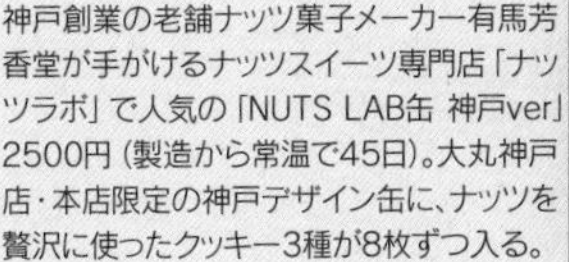

ゴンチャロフ

神戸ビュースポット（クッキー缶）
クッキー7個入1080円
神戸の観光名所をポップに描いたパッケージが人気のシリーズ。

フロインドリーブ

ミミ　大1枚427円
中10枚2538円
小1袋594円
ザクッとした歯ごたえとともに、バターの香りがふんわり抜ける。

メイドイン神戸のスイーツ&デリ

デパ地下では神戸ブランドが目白押し！

各店舗を訪れる時間の余裕がない旅でも、ここなら一気に名店の逸品が買えちゃいますよ！

トアロードデリカテッセン

ソーセージ
1本1134円～
老舗デリカの熟練マイスターが作りあげる。香り高く濃厚な風味。

トーラク

神戸プリン
4個入り1188円
卵と生クリームの深いコクとなめらかな食感。別添えのカラメルソースをかけて。

ジェイム KOBE

ブウルクッキー
1個432円～
マシュマロやアイシングクッキーで人気の洋菓子店アンファンの直営店。

MOTOMACHI CAKE

ざくろ
1個330円（価格変更予定あり）
生クリームたっぷりのイチゴケーキ。創業70年来の人気商品。

神戸洋藝菓子ボックサン

シェルマドレーヌ
1個190円
バターにホワイトラムが香る定番マドレーヌ。

大丸の建物は阪神・淡路大震災後に新築されたもの。旧居留地の街並みに合わせたモダンクラシックなデザインです。

これしよう！

最高にキュートな雑貨探し

異国の雑貨から地元作家の手仕事まで、あれこれ欲しい！（☞P94）

これしよう！

大人気カフェでランチタイム

ヘルシーで食べごたえのあるランチが勢揃い。遅めOKのお店も（☞P96）。

Stjarna（☞P95）

海岸ビルヂングを探検しよう

ランドマーク・海岸ビルヂングにはすてきなお店がいっぱい（☞P92）。

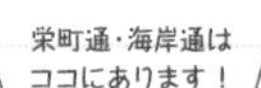

ゆるい空気の雑貨＆カフェ通り

栄町通・海岸通

さかえまちどおり・かいがんどおり

こんなところ

元町商店街の南側。一見平凡な街並みに、近年ショップやカフェが急増、注目を集めている。個人経営の小さなお店が多く、それぞれ個性にあふれていて魅力的。路面店のほか、古いビルの奥にも宝箱のようなお店が点在、掘り出し物を探すのも楽しい。

access

●三宮から

【シティーループ】
地下鉄三宮駅前（南行）から約7分、南京町東口（元町商店街）下車、徒歩2分

【電車】
●三ノ宮駅からJR神戸線で1分、元町駅下車、徒歩6分
●地下鉄三宮・花時計前駅から3分、みなと元町駅下車すぐ

広域MAP 付録P11A2～B3

～栄町通・海岸通 はやわかりMAP～

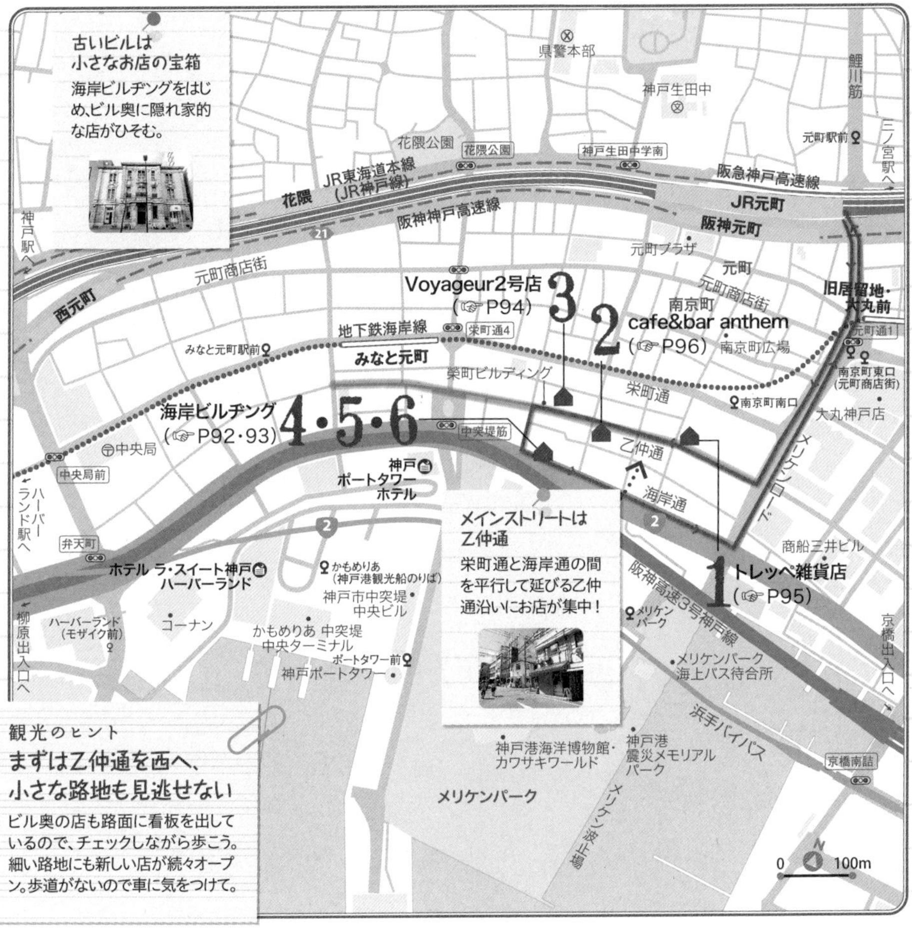

古いビルは小さなお店の宝箱

海岸ビルヂングをはじめ、ビル奥に隠れ家的な店がひそむ。

メインストリートは乙仲通

栄町通と海岸通の間を平行して延びる乙仲通沿いにお店が集中！

1 トレッペ雑貨店 (☞P95)

2 cafe&bar anthem (☞P96)

3 Voyageur2号店 (☞P94)

4・5・6 海岸ビルヂング (☞P92・93)

県警本部　神戸生田中　鯉川筋　元町駅前　三ノ宮駅へ　花隈公園　神戸生田中学南　JR東海道本線(JR神戸線)　花隈　阪急神戸高速線　JR元町　阪神元町　阪神神戸高速線　神戸駅へ　元町プラザ　元町　元町商店街　西元町　南京町　旧居留地・大丸前　元町通1　地下鉄海岸線　栄町通4　みなと元町駅前　みなと元町　南京町広場　南京町東口(元町商店街)　栄町ビルディング　栄町通　南京町南口　大丸神戸店　中央局　中突堤筋　乙仲通　中央局前　神戸ポートタワーホテル　海岸通　メリケンロード　ハーバーランド駅へ　弁天町　商船三井ビル　ホテル ラ・スイート神戸ハーバーランド　かもめりあ(神戸港観光船のりば)　神戸市中突堤中央ビル　阪神高速3号神戸線　ハーバーランド(モザイク前)　コーナン　かもめりあ 中突堤中央ターミナル　メリケンパーク　ポートタワー前　神戸ポートタワー　メリケンパーク海上バス待合所　柳原出入口へ　京橋出入口へ　浜手バイパス　京橋南詰　神戸港海洋博物館・カワサキワールド　神戸港震災メモリアルパーク　メリケンパーク　メリケン波止場　0　100m

観光のヒント

まずは乙仲通を西へ、小さな路地も見逃せない

ビル奥の店も路面に看板を出しているので、チェックしながら歩こう。細い路地にも新しい店が続々オープン。歩道がないので車に気をつけて。

おすすめコースは

3時間

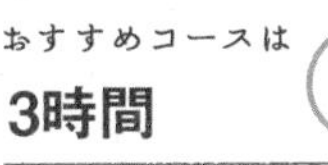

メリケンロードから乙仲通に入り、西へ進みながら道沿いのお店をチェック。エリアのランドマーク・海岸ビルヂングでは、建物鑑賞とショッピングを併せて楽しもう。

レトロビルでショッピング、海岸ビルヂング探訪

海岸通のランドマーク・海岸ビルヂングは、重厚な装飾が美しいレトロ建築。館内には人気のショップやカフェがひそんでいますよ。

かいがんびるぢんぐ

海岸ビルヂング

明治の薫り漂うビルが若者文化発信地に

海岸通に面して、そこだけ時が止まったよう……。重厚な石積み、意匠を凝らしたペディメントが目を引くレトロビルは明治44年(1911)築、界隈きっての長い歴史を誇る。3フロアの館内には、神戸ブランドのショップや独特の空間を生かしたカフェなどが集合、注目を集めている。

住神戸市中央区海岸通3-1-5 ⓛ休店舗により異なる 交JR元町駅から徒歩7分 Pなし MAP付録P11A3

独特のフォントで浮き彫りにされた正面入口のビル表札

1 正面階段を上りきった3階天井には青い天窓が 2 ゆったりした回廊に沿って個室が並ぶ 3 正面の石造りの外壁と対照的な裏手の赤レンガ外壁も味わいあり

夜間ライトアップで大人の雰囲気を堪能

海岸ビルヂングで、毎日日没～22時まで開催されているライトアップ。ルネサンス様式でクラシカルな洋風建築が、ぬくもりある橙色の光によって照らし出される。昼間とは違った趣を楽しもう。

1F北東側／カフェ

ありあんす ぐらふぃっく

ALLIANCE GRAPHIQUE

レトロ空間を生かしたカフェ

レンガ壁の北側入口から入ると、元倉庫の吹き抜けを利用したエキゾチックなカフェが。アンティークの調度やランプが彩る店内で、食事やお茶を楽しめる。バー利用もOK。

DATA☞P84

オーナー自ら内装をデザイン

3F/書店・ギャラリー

ざ ぶっく えんど

THE BOOK END

新しい世界と出合える書店

東京都目黒区にある古書店「BOOK AND SONS」の姉妹店として2024年1月にオープン。写真展などの企画展やイベントを常時開催し、その関連書籍などを販売する。

☎080-7007-6949 🕒11～18時 休火・水曜

展示はおよそ1カ月ごとに切り替わる

写真集や作品集をその場で購入可

1F北西側／雑貨

あとりえ こうべ

ATELIER 神戸

混沌かつ美しいインテリア

インポート雑貨のセレクトショップ。出入口の異なる2つのフロアがあり、内装や雰囲気がガラッと変わる。建物北側の路地裏に面しているので、迷わないよう気をつけて。

Astier de VillatteのTricoloreシリーズ 各1万7050円～

☎078-332-2327 🕒11～19時 休水曜

見るだけでも楽しいおしゃれ雑貨

1F／帽子

まちゅあー は あとりえ しょっぷ

mature ha. Atelier shop

メイドイン神戸の帽子たち

被り心地や素材感にこだわったシンプルな帽子のオリジナルブランド「mature ha.」のアトリエショップ。ほかに、同素材のバッグやハットピンなど帽子とともに楽しめるアイテムも揃う。

☎078-595-9002 🕒11～18時 休水・日曜(祝日などで変更あり)

日常に取り入れやすい帽子が並ぶ

通りに面した扉から入ってみよう

海岸ビルヂングの設計者は河合浩蔵氏。旧居留地のシップ神戸海岸ビル（☞P83）とは兄弟建築にあたります。

キュートな小バコの雑貨を探して乙仲通をテクテクお散歩

栄町通と海岸通の間を東西に延びる乙仲通は、界隈のメインストリート。レトロビルや細い路地のあちこちに、小さな雑貨店が集まっています。

1 北欧雑貨と暮らしの道具 lotta

生活雑貨

ほくおうざっかとくらしのどうぐ ろった

作り手の想いを届ける多彩なアイテム

店内に並ぶ商品は、店主が「長く愛用できる」かどうかをポイントに、実際に作り手を訪ねて選んだものばかり。北欧雑貨やアンティーク食器などが定番。

☎078-599-5355 住神戸市中央区栄町3-1-11乙仲アパートメント1階 ⏲11～18時 休水曜、ほか不定休 交JR元町駅から徒歩5分 Pなし MAP付録P11A2

▶季節ごとに品揃えも変化

▶ARABIA ruija ヴィンテージ食器 9350円

▼フィンランドのマトリョーシカ Tree of Seasons2万900円

2 Voyageur2号店

アクセサリー

ぼやーじゅにごうてん

あれこれ選べるオーダーアクセ

パールやお花、レースなど3000種以上のパーツからオーダーメイドできるアクセサリーショップ。その日のうちにアクセサリーが仕上がるので、店内はいつも女子でいっぱい。

☎078-391-1139 住神戸市中央区栄町通3-1-5SPCビル1階 ⏲11時30分～19時30分 休不定休 交JR元町駅から徒歩7分 Pなし MAP付録P11A2

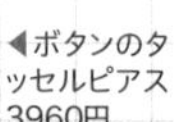

◀ボタンのタッセルピアス 3960円

▲パールだけでも50種以上の品揃え

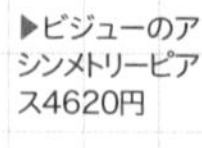

◀アンティーク風ネックレス 4290円

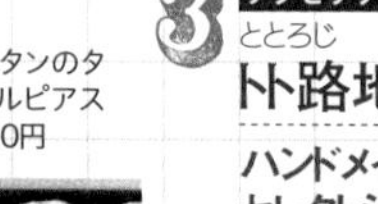

▶ビジューのアシンメトリーピアス4620円

3 トト路地

アクセサリー

ととろじ

ハンドメイド雑貨のセレクトショップ

栄町ビルディングにあるハンドメイド雑貨店。アクセサリーを中心に、全国の作家80名ほどから集めた商品が並ぶ。既製品にはない、温かみのある自分だけのモノを見つけよう。

☎050-7120-4752 住神戸市中央区栄町通3-1-7 3階 ⏲12～18時 休火・水曜、ほか平日不定休 交JR元町駅から徒歩7分 Pなし MAP付録P11A2

◀ひとつひとつの箱には作家の思いも詰まっている

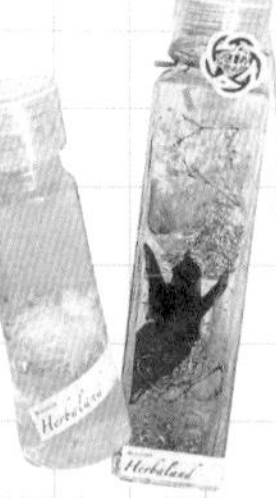

▲ハーバリウム2500円(ピンク)、1500円(黄色)。ボトルに植物を閉じ込めたハーバリウム

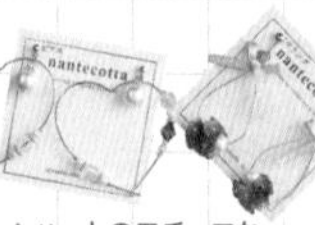

▲ハートのモチーフなどがかわいいイヤリング、ピアス各2160円

▶ドイツのブランドMYKITAの看板アイテム、PERNILLA 7万3150円。ネジを一切使わずステンレスシートを折り曲げて作っている

◀女性デザイナーによる斬新なデザインの多いフランスのブランドANNE ET VALENTINのサングラスSWINTON 4万700円

▼近代建築の巨匠、ル・コルビュジエが愛用していたLesca LUNETIERのLa Corb's 5万1700円。現在も当時と同じ型で生産

▲魅力を引き出す一本を、店主が一緒に選んでくれる

4 めがね

ものおぷてぃーく

MONO OPTIQUE

目元が輝く個性派めがねでいつもと違った一面を

フランスやドイツ製のめがねを扱い、目元や顔の輪郭をきれいに見せるフレームが揃う。個性的なデザインのめがねも多いので、気軽に相談してみよう。

☎078-381-9584 住神戸市中央区栄町通3-1-11乙仲アパートメント2階 ⏰11～19時 休水曜 交JR元町駅から徒歩5分 Pなし MAP付録P11A2

▲カメラデザインミニレターセット308円(上)、オリジナルコースター2枚440円(中)、切手風ステッカーセット360円(下)

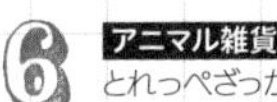

6 アニマル雑貨

とれっぺざっかてん

トレッペ雑貨店

みんな買って帰りたい!やさしい絵柄の食器たち

ファブリックやカードスタンドなど動物モチーフのさまざまなアイテムが揃う。外国製の文具のコーナーもあり、200円～とリーズナブルなので、まとめ買いする人も多い。

☎078-202-4075 住神戸市中央区栄町通1-1-11 2階 ⏰14～18時 休月～金曜 交JR元町駅から徒歩5分 Pなし MAP付録P11B2

▶花の小皿1210円(左)、りんごの小皿825円(右上)、小鳥柄の小皿880円(右下)

栄町通・海岸通●乙仲通をテクテクお散歩

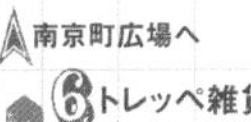

南京町広場へ
5 Stjarna
6 トレッペ雑貨店
JR元町駅東口へ
メリケンロード
乙仲通
メリケン波止場へ

雰囲気のあるビルが並びます

ウインドーがいちいち気になる!

5 オリジナルウェア

しゃーな

Stjarna

姉妹で営むセレクトショップ

栄町で22年目を迎える人気店。素材や着心地にこだわったオリジナルデザインのアイテムは、ベーシック&シンプルで長く愛用できるものばかり。☎078-393-5220 住神戸市中央区栄町通2-1-3謙昌ビル1階 ⏰12時～18時30分 休水曜 交JR元町駅から徒歩6分 Pなし MAP付録P11B2

▲ナチュラルな雰囲気が漂う店内

◀定番のボーダーシャツ(ブルー)7590円

▲シンプルで使いやすいカゴバッグ(M)8580円

◀作家ものの陶土製ブローチ各1100円

「Voyageur」は、乙仲通沿いにもう1軒4号店があるほか、裏通りには1号店もあります。MAP付録P11B2(4号店)/付録P11A2(1号店)

居心地よくってついつい長居、人気カフェでランチタイム

栄町通・海岸通では雑貨のお店と同じくらい個性的なカフェが点在。
雰囲気がよくてランチも絶品!と欲張りな要求を満たしてくれるのはこちら。

マカデミアナッツクリーム 1150円 一日中注文OK

マカデミアナッツのソースがパンケーキをふわっと包み込む、幸せな気分になる一皿

アンティーク調のステンドグラスがかわいい入口

あんじー

ANGIE

フレンチカントリー空間でご機嫌になれるパンケーキ

パンケーキとガレットの専門店。プレーン以外にもフルーツを生地に練り込んだものなど、独自のメニューが多数。イチゴなど旬の果物をふんだんに取り入れた期間限定のメニューも。白を基調とした店内はオーナー好みのアンティークがいいアクセントに。

☎078-333-0723 住神戸市中央区栄町通2-7-4 ⏰11～18時（17時LO） 休月曜 交JR元町駅から徒歩6分 Pなし MAP P70

店舗の一番奥の席は、少し高床になっているため店内を見渡せて落ち着く

キッシュプレート1300円 11時30分～15時

生地から丁寧に作ったタマネギとベーコンのキッシュに、日替わりの惣菜とスープ、自家製パンが付く

空間を手がけたのは「アンティークス・タミゼ」

かふぇあんどばー あんせむ

cafe&bar anthem

感性が磨かれるような静かな上質空間

古い家具に囲まれ、バロック音楽が流れる店内は凛とした雰囲気。自家製パン付きのランチのほか、オーガニックハーブティー750円やディナーセット2000円など、夜遅くまでゆったりとした時間を楽しめる。

☎078-771-4914 住神戸市中央区海岸通2-3-7グランディア海岸通4階 ⏰10～21時LO 休無休 交JR元町駅から徒歩6分 Pなし MAP 付録P11B2

定番のフォンダンショコラ 600円

パステルカラーのマカロンにトキメキ

フランスで出合ったマカロンに感銘を受け、レシピを持ち帰ったという店主が営む「macaronner(まかろね)」。マカロンは常時10種前後、1個290円～。
☎078-321-0569 営12～19時 休不定休 MAP付録P11B2

ベーコンエッグフレンチトーストドリンク付き1450円～ 12～15時
もちもち・とろとろの食感のフレンチトーストにベーコン、目玉焼き、クリームチーズをトッピング

おひとりさまからグループまでOK

すくーる ばす こーひー すとっぷ もとまち
SCHOOL BUS COFFEE STOP MOTOMACHI

手間ひまかけたトーストスイーツが主役

アメリカンスタイルをコンセプトにしたリノベーション会社が営むコーヒースタンド。ショールームも兼ねた店内では、キウイやリンゴなど季節のフルーツを使ったフレンチトーストドリンク付き1550円～（参考）などが味わえる。
☎078-599-6173 住神戸市中央区海岸通4-5-16 営10～18時 休不定休 交地下鉄みなと元町駅から徒歩2分 Pなし MAP付録P12E1

乙仲通に面したお店はテラス席もある

イチゴ薫る豆腐ティラミス（イチゴ盛り+白玉トッピング）946円～ 売り切れ次第終了、3月ごろ～6月下旬ごろ限定
枡の中は豆腐ティラミスが入る。イチゴはトッピングのほか豆腐の中にも

アンティークのテーブルや椅子を配した店内

かや かふぇ こうべもとまちてん
KAYA cafe 神戸もとまち店

豆腐や豆乳を使った低糖質スイーツが女子に大人気！

大阪で人気の古民家カフェの姉妹店で、先にレジを済ませるセルフスタイル。イチゴや桃など季節によって変わるフルーツをたっぷりのせたグルテンフリーの豆腐チーズケーキも人気。
☎078-381-6558 住神戸市中央区栄町通3-1-18ハーバービル3階 営12時～17時20分LO（土・日曜、祝日11～18時LO） 休不定休 交JR元町駅から徒歩5分 Pなし MAP付録P11B2

豆腐チーズケーキ 季節のフルーツもりもりトッピング1100円（税別）

ココシカランチ890円～ 11時30分～売り切れ
自慢のベーグルとデニッシュのほか、日替わりのサラダやスープが付く盛りだくさんの内容

木をふんだんに取り入れたカフェ

べーぐるあんどでにっしゅせんもんてんここしか
ベーグル&デニッシュ専門店ココシカ

手作りパンと雑貨 ほっこり和める人気カフェ

夫婦で営む店。1階では約40種のパンのほか、雑貨も販売。カフェスペースでランチやケーキなどが楽しめる。
☎078-587-2888 住神戸市中央区栄町通3-2-16 営10～18時 休月・火曜 交JR元町駅から徒歩7分 Pなし MAP付録P11A2

スコーンセット890円、ミックスジュース790円。どちらもみやげやテイクアウトにも大人気

「cafe&bar anthem」ではオーガニックハーブティー1350円の販売もしています。おうちでゆったりしたいときにもぜひ。

水族館で癒やされる(☞P104)

これしよう！

クルーズ船で潮の香りを満喫

神戸港発着の気軽な海上クルーズ。海から望む街並みも新鮮(☞P109)。

これしよう！

メリケンパークをお散歩しよう

ザ・神戸な風景が広がる岸壁の公園。タワーの展望も抜群(☞P100)。

これしよう！

華やかにきらめくイルミネーション

個性的な建築が思い思いの装いを凝らす夜景は超ロマンチック!(☞P37)

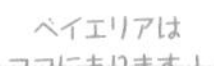

潮風の街でフォトジェニック散歩

ベイエリア

べいえりあ

こんなところ

神戸港に面したリゾートエリア。中心のメリケンパークは、神戸ポートタワーをはじめ個性的な建築が並ぶ観光スポット。西側のハーバーランドには、大型の商業施設が多く、ショッピングやグルメを楽しめる。開発の進む東側の新港エリアにも注目。

access

●三宮・元町から

【シティーループ】
地下鉄三宮駅前（南行）から約9分、メリケンパーク下車すぐ

【ポートループ】
三宮駅前から約12分、メリケンパーク下車すぐ

【電車】
●JR元町駅から徒歩20分
●地下鉄みなと元町駅から徒歩5分

広域MAP 付録P12・13

～ベイエリア　はやわかりMAP～

観光のヒント
港を満喫するなら昼に行く？夜に行く？

海景色が美しい昼、イルミネーションきらめく夜。時間によって表情を変えるベイエリア、見たいシーンに合わせてスケジューリングを。

モザイクに注目！ハーバーランド

神戸駅～岸壁の間に商業ビルが並ぶ。シンボルの観覧車も！

メリケンパークは港のビュースポット

神戸ポートタワーや神戸海洋博物館など観光施設も多い散策エリア。

おすすめコースは
4時間

AQUARIUM × ART átoaやメリケンパークの観光施設を巡る。クルーズ船で水上観光した後、ハーバーランドに渡って神戸ハーバーランド umieでショッピングやお茶、食事を。

JR元町駅
▶徒歩15分
1 AQUARIUM × ART átoa（見学）
▶徒歩20分
2 スターバックス コーヒー神戸メリケンパーク店（カフェ）
▶徒歩1分
3 BE KOBE（見学）
▶徒歩5分
4 神戸ポートタワー（見学）
▶徒歩3分
5 boh boh KOBE（プレイ）
▶徒歩3分
6 神戸ハーバーランドumie（見学）
▶徒歩5分
JR神戸駅

ポートタワー周辺を潮風散歩 メリケンパーク～ハーバーランド

海と空がスッキリ開けたベイエリアは、のびのびお散歩するのにぴったり。フォトジェニックなみどころもいっぱいです。

スタート！

こうべかいようはくぶつかん・かわさきわーるど

神戸海洋博物館・カワサキワールド

帆と波をイメージした港と船の博物館

館内では船舶模型のコレクションや、神戸港の歴史などを展示。併設のカワサキワールドでは、新幹線やヘリコプター、モーターサイクルなど川崎重工グループの代表的な製品を紹介している。

☎078-327-8983（神戸海洋博物館）／☎078-327-5401（カワサキワールド）住神戸市中央区波止場町2-2 ¥入館900円（2館共通）営10～18時（入館は～17時30分）休月曜（祝日の場合は翌平日）、12月29日～1月3日 交JR元町駅から徒歩15分 P周辺駐車場利用 MAP付録P12F3

開港時、神戸港を訪れた英国艦船の1/8スケールの模型展示は圧巻！

神戸ポートタワーとともに神戸港のシンボル

0系新幹線の実物展示もあり

徒歩7分

モザイク大観覧車はデートの定番

ファッションや雑貨、おみやげショップも充実

徒歩3分

びー こうべ

BE KOBE

SNS映えも抜群! 神戸に来たならここへ

「神戸の魅力は人だ」というメッセージを込めて平成29年（2017）に建てられたモニュメント。よじ登っての撮影は禁止なので、マナーを守って楽しもう。夜のライトアップもおすすめ。

☎078-321-0085（神戸港"U"パークマネジメント共同事業体、平日9～17時）住神戸市中央区波止場町2 営休周辺散策自由 交JR元町駅から徒歩15分 P113台 MAP付録P12F4

こうべはーばーらんど うみえ

神戸ハーバーランドumie

ハーバーランド岸壁 海を見晴らす複合施設

買い物やグルメ、アミューズメントが大集結。対岸・メリケンパークの絶景を望みながらお茶したり、高さ50mのモザイクの観覧車もお楽しみ。夜景の美しさも文句なし。

DATA☞P102

徒歩10分

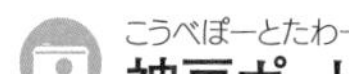

こうべぽーとたわー
神戸ポートタワー

港町のパノラマを眼下に 真紅が映える展望タワー

青空に体躯を反らす真っ赤なトラスが美しい、高さ108m、ミナト神戸を代表するランドマークタワー。タワー開業60周年の2024年6月にリニューアルオープンし、地上100mの屋外に新たな展望デッキが加わるなど生まれ変わった。

☎なし（公式Webサイトを確認）住神戸市中央区波止場町5-5 ⏰9～23時（最終入場22時30分。季節により異なる）休無休 交JR元町駅から徒歩15分 P周辺駐車場利用 MAP付録P12E3

1 屋上の展望施設からは神戸港を一望できる 2 低層3・4階にはカフェがあり、4階の屋外テラス席も利用可。プリン・ア・ラ・モード1200円や紅茶800円などが楽しめる 3 展望4階には、「赫き（かがやき）」をテーマに光のアートを鑑賞できるBrilliance Museumがある。SNS映え間違いなし! 4 夜には神戸の1000万ドルの夜景が360度見渡せる

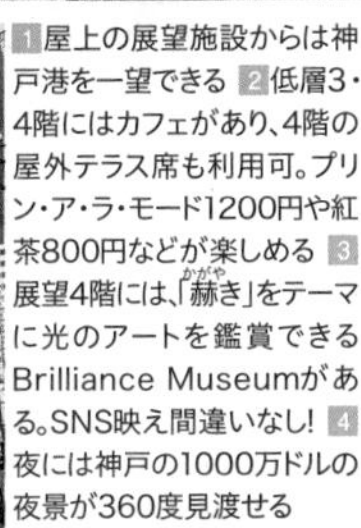

タワー内にはショップも充実。ポートタワー限定販売の櫻正宗 神戸桜大吟醸1724円や、天気によって結晶の形が変化するストームグラス4906円など、ポートタワーの思い出を持ち帰ろう

徒歩3分

ゴール！

ぼー ぼー こーべ
boh boh KOBE

ウェルネスツーリズムを手軽に満喫

美しい神戸の街並みを見ながら、海洋療法を体験できるタラソセラピーウェルネスクルーズ。3階オープンデッキでは、神戸空港を離発着する飛行機を間近に見ることができる。ワンちゃんも無料で乗船可能（乗船ルールあり）。DATA☞P109

タイミングがよければ飛行機の離発着に出合えるかも

メリケンパーク東側岸壁には、阪神・淡路大震災の被害状況を保存した「神戸港震災メモリアルパーク」があります。MAP付録P11B4

神戸ハーバーランドumieで食・買・遊三昧!

神戸ブランドのショップやグルメ、海を見晴らすデッキテラス、神戸を望む観覧車! ハーバーランドきってのお楽しみどころはこちら。

1 ファストファッションや人気店舗が中心のノースモールとサウスモール
2 3 港の風情を満喫できるumie モザイク2階「海の広場」。夕暮れ～夜はさらにロマンチック(☞P37)

こうべはーばーらんど うみえ

神戸ハーバーランドumie

ハーバーランド最大のショッピングモール

海辺に広がる大型のショッピングモールで、ノースモール、サウスモール、モザイクの3棟からなる施設。ショップやグルメ、アミューズメントなど約235の店舗が入り、幅広い層に利用されている。なかでも、海に最も近いモザイクには、オーシャンビューが魅力のカフェやみやげ店が多く入り人気。高さ50mの観覧車からは、対岸のメリケンパークの景色も見える。

☎078-382-7100 住神戸市中央区東川崎町1-7-2 ◷店舗により異なる 休無休 交JR神戸駅から徒歩5分 P3000台 MAP付録P12D3・4～P13C3・4

▲テラス席からはメリケンパークを一望

潮の香りが満喫できる散策スポット

観覧車の下から神戸煉瓦倉庫横へと続く、海に沿った木製の遊歩道「ハーバーウォーク」。ガス燈とベンチが設置されています。
MAP付録P13C4

ダイニングカフェ
りある だいにんぐ かふぇ
REAL DINING CAFE
海を見ながらチーズ料理を

チーズケーキの名店・観音屋（☞P19）が展開するカフェ。自慢のデンマークチーズケーキのほか、チーズ料理に定評あり。海の広場に面したテラス席も魅力。

☎078-360-1358 🕒11～21時LO

▲チーズフォンデュセットは平日2人前4400円～

バッグ
あうﾞーす
EAVUS
神戸発のカジュアルバッグ

オリジナルでデザインされた、神戸発バッグのオンリーワンショップ。異素材の組み合わせやかわいい色使いで使いやすさも抜群。商品は季節ごとに入れ替わるので、お気に入りは即買い！

☎078-360-2329
🕒10～20時

▲色や素材違いも多彩に展開

▼型押しコーティングソフトレザー長財布2万900円

▲職人の技が光る牛革×ナイロンの2ウェイショルダー3万1900円

ベイエリア●神戸ハーバーランド umie

洋食
こうべぶらんどてい
神戸ブランド亭
厳選神戸牛をリーズナブルに

神戸みやげを扱う神戸ブランドが展開。兵庫県産の食材を使った洋食メニューをリーズナブルに味わえる。神戸牛ステーキ御膳3500円～など多彩なメニューが揃う。

☎078-360-1516 🕒11～21時LO

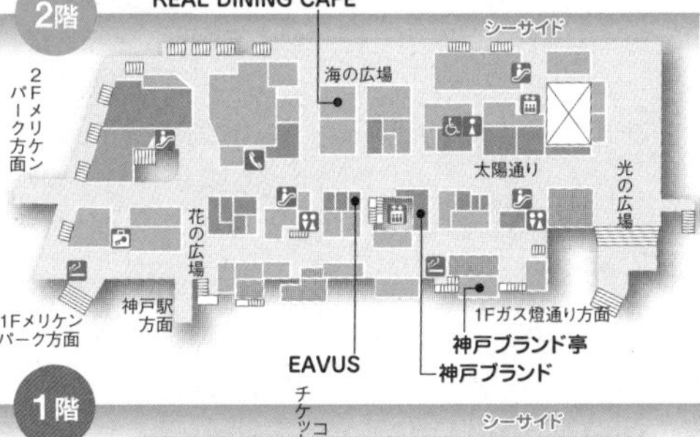

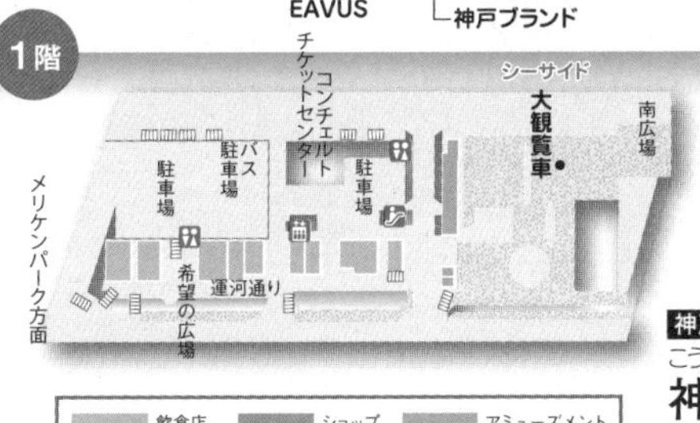

▲神戸ブランドミルククッキー12枚入り648円

◀夜はイルミネーションを眺めながら料理を堪能
▼神戸牛シチュー5500円

▶六甲山麓牛乳ソフト450円

神戸みやげ
こうべぶらんど
神戸ブランド
メイドイン神戸が勢揃い

神戸限定の洋菓子・和菓子・地酒・ワインと充実の品揃え。六甲山麓牛乳ソフトや神戸牛を使った神戸ドッグなどが食べられるテイクアウトも大人気！ ☎078-360-1810 🕒10～20時

神戸ハーバーランド umie（モザイク棟）の中に立つ赤い帽子の望楼は、大正3年（1914）に港の船を監視するためにたてられました。

おしゃれ展示で注目を浴びる フォトジェニックなミュージアムへ

複合文化施設「神戸ポートミュージアム」内には幻想的な空間に魚たちが暮らす水族館、隣にはチョコレートのパッケージに特化した博物館があり、大人も子どもも楽しめます。

PLANETS
átoaのシンボル的水槽。宇宙のような深海のような神秘の世界に誘ってくれる

átoa cafe
神戸らしく海、山を感じられるガーデンカフェスタンド。映えるスイーツが勢揃い!

1 日本最大級の球体水槽で泳ぐのは、サクラダイ、キンギョハナダイなどの色も美しい魚たち 2 空間全体に上演する、日本の四季の情景を表現する光の切り絵に心奪われる 3 左からストロークッキー330円、AQUAハニーレモネードソーダ630円、ピラニアナッテリーチュロス660円、手のりカワウソまん660円 4 5 新設の読書コーナー。海の生物だけでなく、植物、鉱物、アート関連の本も揃う

átoa LAB
2500冊以上の本に囲まれた空間。水槽を泳ぐ魚を横目に気になる本を手に取ろう

MIYABI
日本の美学・侘び寂びを表現した空間。桜や花火など切り絵の演出が美しい

見学所要 約2時間

あくありうむ ばい あーと あとあ
AQUARIUM × ART átoa

五感で感じる神秘的な世界観に魅了

アクアリウムとアートを融合させた新感覚の都市型水族館。国内最大を誇る球体型水槽「AQUA TERRA」をはじめ、音、光、香りなど五感で感じられるファンタスティックな演出もみどころ。4階屋上のSKYSHOREでは、コツメカワウソやペンギンといった動物たちも暮らしている。2024年3月に新設された読書空間átoa LABも必見。

☎078-771-9393 住神戸市中央区新港町7-2 ¥入館2600円 ◷10～19時(最終入場18時30分) 休無休(メンテナンス休あり) 交JR三ノ宮駅からポートループで8分、新港町下車、徒歩1分 Pなし MAP付録P4D4

見学後はコチラでひと休み

とぅーす とぅーす まーと ふーど ほーる あんど ないと ふぇす
TOOTH TOOTH MART FOOD HALL&NIGHT FES

神戸牛の炭火焼やクラフトビールなどが楽しめるフードホール。「シャックジュール・エパヌイ」のBBQステーキ&ミートコンボ3900円など、多様なジャンルの料理が集結する。

☎078-777-4091 ◷11～22時(フードは～21時LO、ドリンクは～21時30分LO) 休不定休 MAP付録P4D4

▲バーの真上はAQUARIUM × ART átoaの水槽。魚が泳ぐ姿を眺めながらお酒が楽しめる

しんふぉにっく ふぉれすと
symphonic forest

国内&世界各国のチョコレートパッケージをコレクションした常設展示エリア。さまざまなブランドのパッケージが揃う

1 デザイン性の高い約500ブランド約1万5000点以上が並ぶ。知っている箱や缶があるかも！ 2 板チョコオブジェはビター、ミルク、ホワイトの3種がある

いまじねーしょん ぴくにっく
imagination picnic

フォトスポット。大きな板チョコのオブジェを持って自撮りが楽しい！

ふぇりしも ちょこれーと みゅーじあむ
felissimo chocolate museum

見学所要 1時間

ズラリと並ぶチョコパッケージがすごい！

通販会社「フェリシモ」が展開するチョコレートとカカオに特化したミュージアム。ほんのり甘いチョコレートの香りに包まれた空間では、世界中から厳選したチョコの販売も取り扱うフェリシモが、独自に収集・編集したさまざまなブランドのパッケージを展示。期間限定の企画展も開催する。

☎0120-055-820 住神戸市中央区新港町7-1 ¥入館1000円 🕒11～18時 ※入館は閉館30分前まで 休春・秋の展示替え期間 交JR三ノ宮駅からポートループで8分、新港町下車、徒歩1分 Pなし MAP付録P4D4

2025年4月オープン予定♪
TOTTEIを散策

神戸第二突堤エリアがアリーナを中心に整備され、「TOTTEI」として生まれ変わる！

とってい
TOTTEI

神戸第二突堤エリア・TOTTEIが、Bリーグ西地区所属・神戸ストークスの新拠点となる「GLION ARENA KOBE」、商業施設を併設した劇場型パーク「TOTTEI PARK」を中心に、2025年4月に生まれ変わる。

☎06-7634-7635 住神戸市中央区新港町130-1,2 交JR三ノ宮駅から徒歩20分 MAP付録P4D4 ※詳細は公式Webサイトを確認

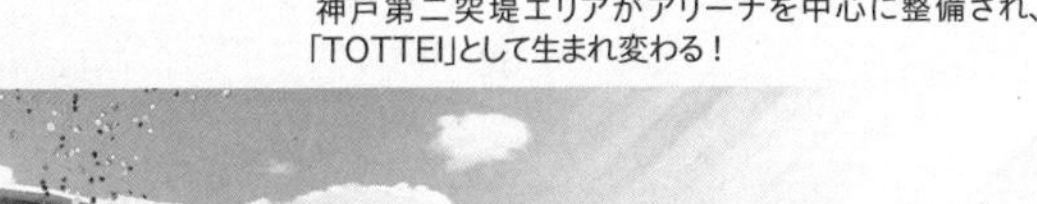

▲突堤の先端にステージがあり、公園全体が客席になる。敷地内には商業施設なども整備される

◀巨大LEDビジョンを擁するアリーナではスポーツの試合、音楽コンサート、格闘技など多様なイベントを開催予定

画像はすべてイメージ
提供＝(株)One Bright KOBE

AQUARIUM × ART átoaやfelissimo chocolate museumへのアクセスは、ポートループ（☞P51）が便利です。

オーシャンビューの飲食店で ちょっと贅沢なひと息時間

海を望むカフェ &レストランをピックアップ。青空の下おいしい料理を楽しめる昼と、港町の光に包まれるロマンチックな夜、どちらも楽しみ。

ストロベリー、ホイップクリームとマカダミアナッツのパンケーキ 1529円
甘酸っぱいイチゴと羽のように軽いホイップクリームがのった一番人気

天気のよい日はテラス席に出るのもおすすめ

ハワイをイメージした明るい店内

えっぐすん しんぐす

Eggs 'n Things

ハワイ発！ブームを呼んだ クリームたっぷりパンケーキ

ハワイ発、ふわふわモチモチのパンケーキがメインのハワイアンレストラン。とろりとした半熟卵のエッグスベネディクトなどのフードも豊富。海を望む心地よいロケーションは神戸ならではのお楽しみ。

☎078-351-2661 住神戸市中央区東川崎町1-7-2 神戸ハーバーランド umie モザイク2階 ⏰9～22時(21時LO、変更の場合あり) 休不定休 交JR神戸駅から徒歩5分 P神戸ハーバーランド umie駐車場利用 MAP付録P12D3

海風を感じるテラス席も人気

すたーばっくす こーひー こうべめりけんぱーくてん

スターバックス コーヒー 神戸メリケンパーク店

海を見晴らす2階席は 船の甲板のイメージ

神戸港のすぐそばにあり、街並みや六甲山も眺められる360度のワイドビューが楽しめる。鱗をイメージした菱吹き壁や六甲山の間伐材を使用したこだわりの店づくりも素敵。

☎078-335-0557 住神戸市中央区波止場町2-4 ⏰7時30分～22時 休不定休 交JR元町駅から徒歩15分 Pなし MAP付録P12F4

コールドブリュー コーヒー トール470円
熱を加えずに14時間かけて水で抽出したコーヒー。特別にブレンド、ローストしたコーヒー豆を使用

船首のような形をした2階。窓に沿うように配されたカウンター席からの見晴らしは最高

ベイエリアならではのモチーフが描かれたおしゃれな内装にも注目したい

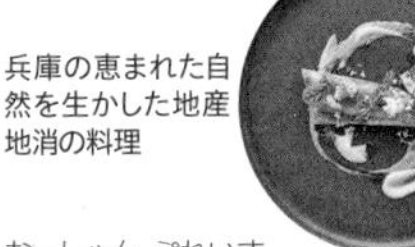
兵庫の恵まれた自然を生かした地産地消の料理

おーしゃん ぷれいす
OCEAN PLACE

ハーバービューの特等席で旬の素材のイタリアンを

神戸海洋博物館2階にあるレストラン&カフェ。瀬戸内海や淡路島など地のものをはじめ、新鮮な食材を使ったオリジナルのコース料理を楽しめる。

☎078-334-6850 住神戸市中央区波止場町2-2神戸海洋博物館2階 ランチ11時30分～14時LO（土・日曜、祝日12時～）、アフタヌーンティー12時～、15時～、18時～、ディナー17時30分～19時LO（土・日曜、祝日18～19時LO）※事前予約制 休水曜（祝日の場合は営業）交JR元町駅から徒歩15分 P周辺駐車場利用 MAP付録P12F3

LUNA
ディナーコース
9000円（サ別5%）
前菜、温野菜、パスタ、魚料理、肉料理、〆料理、デザートなど計9品

テラス席もあり、海やポートタワーなどランドマークの景色を間近で楽しむことができる（左）。特別な演出やメニューを用意することも。記念日にぜひ（右）

ディナーコース"瑠璃" 5000円
前菜盛り合わせ、スープ、エビチリ、エビ餃子、焼売、酢豚、海鮮炒飯or四川陳麻婆豆腐、杏仁豆腐など計8品

窓際の特等席はカップルにおすすめ

東側の大窓から、モザイク大観覧車や神戸ポートタワーといったランドマークの数々が観賞できる

しんてんろう みなと こうべ
神天樓 MINATO KOBE
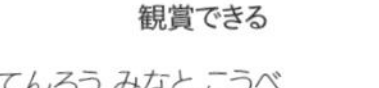

高層ビルの最上階から港のランドマークを一望

ハーバーランドの東側に立つビルの最上階で、四川料理と広東料理を融合した創作中国料理を提供するレストラン。平日のランチ1200円～はリーズナブルに絶景と絶品料理を堪能できる。

☎078-366-3817 住神戸市中央区東川崎町1-5-7カルメニ18階 11時～14時30分LO、17～21時LO 休不定休 交JR神戸駅から徒歩7分 Pあり（有料）MAP付録P13B4

おーる ふらっぐ
ALL FLAGS

一流ホテルのダイニングから遮るものがないオーシャンビューを堪能

神戸メリケンパークオリエンタルホテル（☞P114）のダイニング。シェフが目の前で仕上げるライブキッチンでは、ビーフロティやモンブランをできたてで提供。モーニング3800円～も利用可能。

☎050-3503-8115 住神戸市中央区波止場町5-6神戸メリケンパークオリエンタルホテル3階 朝食7時～10時30分LO、ランチ11時30分～14時30分LO、ディナー17時～20時30分LO 休無休 交JR元町駅から徒歩15分 P300台（有料）MAP付録P12E4

潮風を感じられるオープンテラスはもちろん、店内からも一面のオーシャンビューを楽しめる

ビュッフェ
ランチ 4000円～
ディナー 5500円～
季節の食材を取り入れた多国籍な料理が味わえる。神戸ならではの豚まん・カレーまんも

「OCEAN PLACE」では季節のアフタヌーンティー5000円（要予約）も楽しめます。

ココにも行きたい

ベイエリアのおすすめスポット

神戸市立小磯記念美術館
こうべしりつこいそきねんびじゅつかん

モダンで気品あふれる人物画

神戸ゆかりの洋画家・小磯良平の作品約2900点を収蔵、小磯作品の展示と小磯に関連づけた特別展も開催。氏のアトリエを移築・復元、制作の様子などを再現している。DATA☎078-857-5880 住神戸市東灘区向洋町中5-7 ¥入館200円（特別展は別途）🕒10～17時（入館は～16時30分）休月曜（祝日の場合は翌日）交六甲ライナーアイランド北口駅からすぐ Pあり（有料）MAP付録P2D3

神戸どうぶつ王国
こうべどうぶつおうこく

花と動物と人との共生パーク

カピバラやアルパカなど動物たちに間近で出合えるテーマパーク。迫力に感動のバードパフォーマンスやハシビロコウなど絶滅危惧種も必見。DATA☎078-302-8899 住神戸市中央区港島南町7-1-9 ¥入園2200円 🕒10～17時 休木曜※祝日や繁忙期は営業 交ポートライナー計算科学センター駅からすぐ P800台 MAP付録P3C4

神戸煉瓦倉庫
こうべれんがそうこ

明治のモダンな貨物倉庫をリノベーション

昭和62年（1987）まで貨物置場として使われていた倉庫を改装。イギリス製のレンガを積み上げた外壁が、築造当時の姿を今に伝えている歴史的文化遺産。築120年以上の2棟を商業施設とし活用しており、中では飲食店や雑貨店などが営業。DATA☎店舗により異なる 住神戸市中央区東川崎町1-5-5 🕒休店舗により異なる 交JR神戸駅から徒歩7分 P39台（30分200円）MAP付録P13C4

神戸アンパンマンこどもミュージアム&モール
こうべあんぱんまんこどもみゅーじあむあんどもーる

アンパンマンの世界を楽しもう

アンパンマンの世界を見て、触れて、体験できるミュージアム。アンパンマンが登場するステージも毎日開催。ばいきんまんの「バイキンひみつ基地」など、体を使って遊べるエリアも充実。入場無料のショッピングモールには、ここでしか買えない限定フードやグッズのショップが豊富。DATA☎078-341-8855 住神戸市中央区東川崎町1-6-2 ¥入館2000～2500円（チケットは公式Webサイトで販売、モールは入場無料）🕒10～18時（11～2月は～17時、最終入館各1時間前）休不定休、メンテナンス休あり 交JR神戸駅から徒歩8分 MAP付録P13C4

オールドスパゲティファクトリー神戸店
おーるどすぱげてぃふぁくとりーこうべてん

レンガ倉庫でスパゲティを

神戸煉瓦倉庫内にあるスパゲティレストラン。天井が高く、広々として落ち着いた店内は、ソファ席もある。レトロな空間でアメリカ生まれのスパゲティを味わおう。DATA☎078-360-3911 住神戸市中央区東川崎町1-5-5煉瓦倉庫内 🕒11～15時（14時30分LO）、17～21時（20時30分LO）、土・日曜、祝日11～22時（21時LO）休無休 交JR神戸駅から徒歩7分 P神戸煉瓦倉庫駐車場利用 MAP付録P13C4

IKEA神戸
いけあこうべ

インテリアコーデを参考に

スウェーデン発、グッドデザインと機能性を兼ね備えた家具・雑貨が勢揃い。ショールームではさまざまなコーディネートを提案、組み立てはセルフのためコストを抑えた低価格なのもうれしい。DATA☎050-4560-0494 住神戸市中央区港島中町8-7-1 🕒11～19時（土・日曜は～20時）休1月1日 交ポートライナー南公園駅からすぐ P1785台 MAP付録P3C4

TOOTH TOOTH FISH IN THE FOREST
とぅーす とぅーす ふぃっしゅ いん ざ ふぉれすと

海辺のベーカリーカフェでくつろぐ

バラエティ豊かな自家製パンが人気。こだわりの生パスタはもちもちで旬の食材と合わせたメニューが豊富。ローストしたオニオンとベーコンのアマトリチャーナ風1870円～など。DATA☎078-334-1820 住神戸市中央区波止場町2-8 🕒11時～20時30分（土・日曜、祝日10時30分～、季節変動あり）休不定休 交JR元町駅から徒歩12分 Pなし MAP付録P11B4

神戸ハーバーランド温泉 万葉倶楽部
こうべはーばーらんどおんせん まんようくらぶ

絶景とともに温泉を楽しむ

良質の温泉を用いた風呂や岩盤浴、食事処、宿泊設備などが揃う。眼下にベイエリアを一望する展望足湯庭園も人気。DATA☎078-371-4126 住神戸市中央区東川崎町1-8-1プロメナ神戸7～16階 ¥マル得セット入館2805円（深夜3時以降は別途料金要）🕒24時間営業 休不定休 交JR神戸駅から徒歩5分 Pハーバーパーク利用600台 MAP付録P13B3

耳よりmemo

船上からの景色を満喫! 神戸港クルーズ

1時間そこそこで神戸の海を満喫！
ベイエリアから出発している、
神戸の海を楽しむクルーズを集めました。

ぼー ぼー こーべ
boh boh KOBE

1階はオリジナルグッズやカフェ、2階には大パノラマビューが望める特別スペース、3階には海風を感じられる開放的なオープンデッキを備えており、船上で海洋療法も楽しめる。

☎0120-370-764（神戸シーバス）¥乗船1800円（60分）🕒9時～18時30分（公式Webサイトで要確認）休不定休（公式Webサイトで要確認）MAP付録P12D3

神戸にいながら気軽にリゾート気分♪

©2020 HAYAKOMA UNYU CO.,LTD.

ろいやるぷりんせす
ロイヤルプリンセス

関西最大級の豪華遊覧船で、真っ赤なトラスがダイナミックな神戸大橋をくぐる唯一のクルーズ。和田岬付近からは明石海峡大橋も遠望する。沿岸の造船所も見ごたえあり。

☎078-360-0039(神戸ベイクルーズ) ¥乗船1600円 🕒10時45分～16時45分の毎時45分発（所要40分。12時45分発は運休。夏期の土・日曜、祝日は臨時便あり）休無休 MAP付録P12E3

豪華遊覧船で神戸大橋をダイナミックに

ござぶねあたけまる
御座船安宅丸

徳川家光公の命により造られた「安宅丸」をモチーフにして造られた観光船。船内のインテリアを手がけたのはJR九州「ななつ星in九州」などのデザイナー・水戸岡鋭治氏。

☎078-360-0039（神戸ベイクルーズ）¥乗船1600円 🕒10時15分～16時15分の毎時15分発（所要45分。13時15分発は運休。繁忙期は臨時便17時15分、18時15分あり）休公式Webサイトを確認 MAP付録P12E3

豪華絢爛！優雅な船旅を

ざ こうべ くるーず こんちぇると
THE KOBE CRUISE コンチェルト

発着は神戸ハーバーランド umie (☞P102)です

ランチからナイトクルーズまで4タイプのクルーズがあり、プロの演奏家によるジャズやクラシックの生演奏を聴きながらフレンチコースが味わえる。チケットはモザイク1階で販売。

☎050-5050-0962（予約センター/10～19時）¥🕒ナイトクルーズ・フレンチ1万2500円ほか、4～9月19時30分～21時15分、10～3月19時15分～21時ほか（乗船料込、飲み物代は別途必要。いずれも要予約）休不定休 MAP付録P12D3

生演奏&夜景の華やかなディナーを

航路1～3の受付は…

かもめりあ なかとってい ちゅうおうたーみなる
かもめりあ 中突堤中央ターミナル

住神戸市中央区波止場町7-1 交JR元町駅から徒歩15分 P84台(有料) MAP付録P12E2

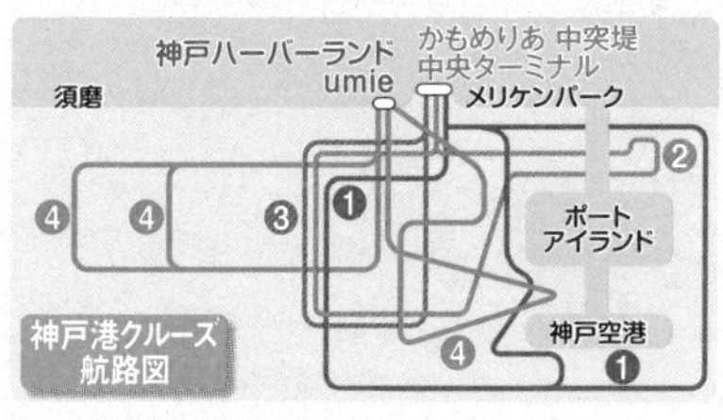

※季節により増便・減便、天候により運休の場合あり。冬期運休日あり（年末年始は要問合せ）

異国に開けた交通の要 港町神戸の歴史をたどる

1000年以上も昔から、港町の歴史を紡ぎ続ける神戸。「ハイカラ神戸」を育んできた時代の流れをひもといてみましょう。

古代から続く天然の良港

港町らしい異国情緒は、神戸の最大の魅力。その歴史は遠く古代にまで遡る。都に近く、瀬戸内海に面した天然の良港は古くから海上交通の要衝だった。平安時代に整備された大輪田泊（現兵庫区）は、のちに平清盛の日宋貿易、さらに室町時代には、兵庫津（ひょうごのつ）とよばれ、日明貿易で国際港として大きく発展。15世紀には応仁・文明の大乱の影響でその地位を堺に譲るが、江戸時代の鎖国期には国内交易の拠点として大きな役割を担った。

この一帯ではのちに運河も開削された。「大輪田」の名は現在も橋などに残る

幕末の開港で大きな変化

幕末の慶応3年12月7日（1868年1月1日）の兵庫（神戸）開港が、のちの神戸の運命を決定づける。浜手には外国人居留地が整備され、エキゾチックな洋館が並び建った。北野と旧居留地を結ぶ通り（現在のトアロード）は山手の北野に住む外国人の通勤路となり、ハイカラ文化の最先端として賑わった。港に欧米から新しい文化が日々流入するなか、神戸の人々は異国の風を受け入れ、そして融和させていった。来日外国人たちのニーズに対応して洋風のホテルやレストラン、ベーカリーに洋服店なども続々オープン。こうして、全国的な文明開化の表舞台に、神戸も躍り出たのだ。

明治32年（1899）の居留地返還以降、港とのアクセス良好な旧居留地は貿易・金融関連のオフィス街へと様相を変えていく。

老舗の洋品店や食材店が今も並び、ハイカラ文化を担うトアロード

「ハイカラ」の街・神戸

昭和13年（1938）の阪神大水害、昭和20年（1945）の神戸大空襲、そして平成7年（1995）の阪神・淡路大震災。数々の災禍を経てなお、神戸は「日本の異国」としてハイカラであり続けることを止めない。パンやケーキのおいしさは全国屈指、ファッションは上品な「神戸系」。山手には今も数多くの異人館が残り、港の沖では大型船の往来がますます盛んだ。

古い伝統と新しい文化をないまぜにして、最先端の流行に昇華する「どこにもない街」。それが長い歴史に育まれた港町ならではの、独自の進化を遂げた神戸の姿なのだ。

開港期の賑わいを描いた「摂州神戸海岸繁栄之図」（長谷川小信（二代貞信）画、神戸市立博物館蔵）
Photo : Kobe City Museum / DNPartcom

ゆるりとくつろげる場所へ、私にぴったりのホテル探し。

海外からのお客さまも多い、神戸ならではのハイクオリティなサービスのホテルやナイトビューが絶景の山手、潮風に包まれるシーサイドなど、お好みのロケーションで、神戸ステイをお楽しみください。

神戸スタイルのおもてなしホテル

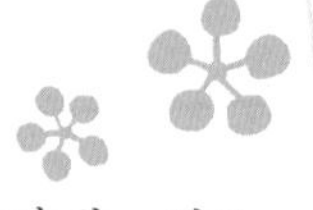

観光都市・神戸ならではの瀟洒な空間と、洗練されたサービス。
ヨーロッパのプチホテルのような極上のひとときを。

北野

こうべきたのほてる

神戸北野ホテル

異国気分でくつろげる都市型オーベルジュ

神戸フレンチの最先鋒・山口浩シェフが総支配人を務めるオーベルジュ。フランスの名店の味を受け継いだ「世界一の朝食」は、最高の目覚めを約束してくれる。館内は英国のマナーハウスをイメージ、天蓋付きベッドや猫脚のバスなど映画のような空間を堪能して。

☎078-271-3711 住神戸市中央区山本通3-3-20 交JR三ノ宮駅から徒歩15分 P16台 送迎なし MAP付録P7B2 ●IN15時／OUT12時 ●洋室30室

料金
- 平　日　2万5000円～
- 休前日　3万8000円～
- トップシーズン　4万2000円～

Note

酵素や栄養素を壊さず作ったジュース「飲むサラダ」や、香りとみずみずしさをそのまま閉じ込めたコンフィチュールなど、唯一無二の朝食を。

1

お泊まりシミュレーション

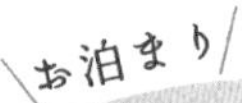

1 豪奢なロビーでまずはひと休み

2 プレジデンシャルタイプの客室のクラランスのアメニティ

3 ヨーロピアンな猫脚バスもすてき！

4 翌朝は向かいのホテルブティックへ

2

3

1 華やかなロビー空間。特別なステイを期待させる 2 客室はそれぞれ内装や雰囲気が異なる。写真はプレジデンシャルツイン 3 階段には宮廷を思わせるレッドカーペットが 4「イグレック」「アッシュ」2つのレストランで心豊かなひとときを

4

トアロード

こうべとあろーど ほてるさんらく

神戸トアロード ホテル山楽

英国アンティークのおしゃれな空間が魅力

トアロード沿いにたたずむ一軒。エントランスからロビー、客室まで英国調に統一され、アンティークな雰囲気は女性からの人気も高い。プレミアフロア宿泊者専用のラウンジでは、紅茶やスコーンなどを選ぶ「自分でつくるアフタヌーンティー」が楽しめる。

☎078-391-6691 住神戸市中央区中山手通3-1-19 交JR三ノ宮駅から徒歩7分 Pなし 送迎なし MAP付録P9C1 ●IN15時／OUT11時 ●洋室77室

1朝食ビュッフェのローストビーフは不動の人気No.1 2ユニオンジャックをまとった真っ赤なミニクーパーが目印

料金
平日 7000円～
休前日 1万2000円～

Note
看板メニューの新感覚ステーキ「ローストグリルビーフ」が人気のイタリア料理・MILANO GRILLで絶品料理はいかが？

旧居留地

ほてる けーにひすくろーねこうべ

ホテル ケーニヒスクローネ神戸

ヨーロッパの雰囲気に包まれ洋菓子店の憧れ朝食

神戸の人気洋菓子店「ケーニヒスクローネ」が手がけるホテル。宿泊と朝食のみを提供するB&Bスタイルで、人気の10種以上の自家製パンとスイーツが楽しめる朝食ブッフェ。ブッフェを目当てに訪れるリピーターも多い。

☎078-321-5512 住神戸市中央区三宮町2-3-10 交JR元町駅から徒歩5分 P提携駐車場利用 送迎なし MAP付録P9C4 ●IN15時／OUT11時30分 ●洋室67室

料金（朝食付き）
平日 1万7600円～
休前日 2万900円～

1 1日10組限定（平日のみ）で朝食のみの利用もOK。3日前までに要予約 2「クローネ」など、客室名はスイーツの名前

北野

ほてるぴえなこうべ

ホテルピエナ神戸

高品質な食・客室こだわりのもてなしを

客室インテリアはイタリア・セルバ社製のクラシックテイストで統一。寝心地を追求したシモンズのベッドを全室に配するなど、快適なステイのためのこだわりが随所に。レストラン「パトリー」の季節感あふれるフレンチもお楽しみ。

☎078-241-1010 住神戸市中央区二宮町4-20-5 交JR三ノ宮駅から徒歩7分 P30台 送迎なし MAP付録P6D3 ●IN15時／OUT12時 ●洋室90室

1フランス郷土料理の惣菜を中心に手作り 2大人の女性にふさわしいロイヤルツイン

料金
平日 7350円～
休前日 1万1000円～

▶料金は特記を除き1室2人で宿泊する場合の室料（税・サービス料込み）です。

潮風が吹き抜ける 海の見えるホテル

港の風情を満喫させてくれる海際ホテル。夜のイルミネーションはもちろん、一夜明けた朝の景色の爽快感は何ものにも代えられません。

メリケンパーク

こうべめりけんぱーくおりえんたるほてる

神戸メリケンパーク オリエンタルホテル

メリケンパークの南端、三方を海に囲まれたロケーション。全室バルコニー付きのリゾートホテルで、青い海や神戸ポートタワー、ハーバーランドなどベイエリアらしい風景を一望できる。

☎078-325-8111 住神戸市中央区波止場町5-6 交JR元町駅から徒歩15分 P300台 各線三宮駅から無料シャトルバスあり MAP付録P12E4 ●IN15時／OUT11時 ●洋室323室

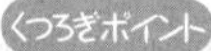

くつろぎポイント

テラス&ダイニング「ALL FLAGS」の海に面したオープンエアが心地よいテラス席 ※冬期はクローズ

料金
平日 3万2065円～

まるで海に浮かぶよう絶景リゾートホテル

1 潮風を感じる開放的なバルコニー 2 まるで豪華客船の船内を連想させる客室、エグゼクティブツインサウスビュー 3 波をモチーフにした外観

ハーバーランド

ほてる ら・すいーと こうべはーばーらんど

ホテル ラ・スイート 神戸ハーバーランド

神戸ポートタワーの近く、神戸港を一望する絶好の立地。客室はすべて70㎡以上の広々空間で、オーシャンビューのテラスとジャクジーも完備。地産地消食材にこだわったフレンチレストランや鉄板焼、ラウンジ&バーへもぜひ。

☎078-371-1111 住神戸市中央区波止場町7-2 交JR神戸駅から徒歩10分 P57台 送迎なし MAP付録P12D2 ●IN15時／OUT12時 ●洋室70室

くつろぎポイント

女性の宿泊客全員にウェルカムアメニティのプレゼントもある

料金
平日 3万8660円～
休前日 6万7900円～
朝食付き

オーシャンビューを独占 贅沢で特別なひとときを

1 南仏リゾートを思わせる非日常な世界 2 メリケンパークが目の前。写真はモデレートダブル 3 JAXSON社の高級ジャクジーで贅沢なバスタイムを(フラワーバス・シャンパンはオプション)

駅近 禁煙ルームあり 朝食ブッフェあり リラクゼーション施設あり インターネット客室無料回線あり

メリケンパーク

ほてるおーくらこうべ

ホテルオークラ神戸

メリケンパークにそびえる名門ホテル。情緒漂う和の様式美と、シンプルな洋の機能美が融合した、くつろぎの空間が広がる。神戸港を見下ろす海側客室の眺望は、夜・朝とも息をのむ美しさ。

☎078-333-3555 住神戸市中央区波止場町2-1 交JR元町駅から徒歩10分 P500台 JR三ノ宮駅から無料シャトルバスあり(土・日曜、祝日は新神戸駅経由) MAP付録P12F2 ●IN15時／OUT12時 ●洋室464室、和洋室4室

海辺の高層ホテルから神戸港～市街を一望

1 港町神戸のランドマークホテル 2 ゆとりの空間「プレシャスフロア デラックスツイン」3 朝食ブッフェもハイレベル！

料金

平日・休前日とも3万1625円～

くつろぎポイント

スイートルームおよび16階以上の客室では灘の日本酒メーカーが作るアメニティを用意

ポートアイランド

せんちゅりおんほてる ゔぃんてーじこうべ

センチュリオンホテルヴィンテージ神戸

ポートアイランドに立つホテルで、最高層レストランから神戸の街並みを見渡せる。客室はアール・デコ調で統一され、ニューヨークのモダニズムを感じさせる。大浴場やサウナを備えたスパを併設。

☎078-335-7801 住神戸市中央区港島1-1-6 交ポートライナー中公園駅から徒歩6分 P近隣駐車場利用(1時間100円)、24時間最大700円 送迎なし MAP付録P3C4 ●IN15時／OUT11時 ●洋室76室

マンハッタンを感じさせるウォーターフロントでステイ

1 きらびやかな街灯に包まれた神戸の街を一望 2 プレミアムキングルーム 3 港町らしく世界各国の食事を楽しめる

料金

平日 1万2000円～

くつろぎポイント

屋上にはテーブル席やベンチが設置されている。潮風を浴びながら優雅なひとときを

六甲アイランド

こうべべいしぇらとん ほてるあんどたわーず

神戸ベイシェラトンホテル&タワーズ

『ミシュランガイド』で「最上級の快適」を示す4パビリオンに連続選出。館内には最上階のダイニングをはじめ、8つものレストラン・バーがある。

☎078-857-7000 住神戸市東灘区向洋町中2-13 交六甲ライナーアイランドセンター駅からすぐ P180台 JR三ノ宮・新神戸駅・神戸空港から有料直通バスあり MAP付録P2D3 ●IN15時／OUT12時 ●洋室264室、和室1室、和洋室3室

六甲アイランドのラグジュアリーホテル

1 リニューアルした客室 2 開放的なテラスレストランで朝食ブッフェを 3 温泉で火照った体を落ち着ける湯上がり処

料金

平日 8150円～

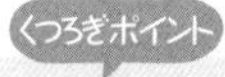

くつろぎポイント

源泉かけ流しの天然温泉「神戸六甲温泉濱泉」は、宿泊者は無料で入浴可能(一部除く)

▶料金は特記を除き1室2人で宿泊する場合の室料、プラン料金は1人分（税・サービス料込み）です。

1000万ドルの夜景を! シティビューホテル

高台や高層のホテルでは、眼下に広がる夜景が最高のごちそう。海や山、豊かな自然に抱かれるのも魅力です。

ポートアイランド

こうべぽーとぴあほてる

神戸ポートピアホテル

きらめく街の灯を海側から見渡す

港町神戸の美しい眺望と多彩な客室が自慢のホテル。神戸の街並みや海・山を360度パノラマビューで一望できる展望施設「屋上テラス ソラフネ神戸」入場パス付宿泊プラン（朝食付き1万590円～、2名1室利用時）がおすすめ。

☎078-302-1111 住神戸市中央区港島中町6-10-1 交ポートライナー市民広場駅からすぐ P450台 JR三ノ宮駅から無料シャトルバスあり MAP付録P3C4 ●IN15時／OUT12時 ●洋室728室、和室4室、和洋室5室

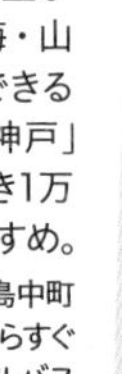

料金

平　日　3万6053円～

休前日　5万5028円～

Note

特別仕様のベッドやカラー・アロマテラピーなどで癒やしを演出するヒーリングルームも。

お泊まりシミュレーション

1 チェックイン。ロビーの大きなシャンデリアは必見!

2 30階のスカイグリルブッフェ「GOCOCU」でディナー

3 地上110mの屋上テラスから神戸の夜景を一望

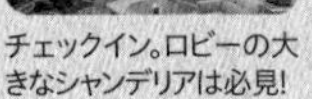

1スーペリアフロアのツインルーム 2 30階のスカイグリルブッフェ「GOCOCU」の店内 3外観は豪華客船をイメージ 4みなと神戸の景色とともに兵庫五国の特産物や国内外の選りすぐりの食材を使用したメニューを愉しめる「GOCOCU」の朝食

 駅近　禁煙ルームあり　朝食ブッフェあり　リラクゼーション施設あり　インターネット客室無料回線あり

新神戸

えーえぬえーくらうんぷらざほてるこうべ

ANAクラウンプラザホテル神戸

抜群の好アクセスとパノラミックな夜景

新神戸駅直結、北野異人館街にも近く、ビジネスや観光にアクセス抜群。高台に位置する高層ホテルで、東は大阪湾岸、西は淡路島まで広がる眺望を眼下に見渡せる。神戸の夜景を見渡せるイタリアンレストラン「レストラン&バー Level 36」で至福のディナーを。

☎078-291-1121 住神戸市中央区北野町1 交JR新神戸駅直結 P650台 送迎なし MAP付録P6F1 ●IN15時／OUT12時 ●洋室591室、和洋室1室

Note

地元の食材にこだわったコース料理を、選び抜かれたワインと一緒に堪能できる。

料金
平　日 1万5000円～
休前日 2万2000円～
※スタンダードツインの室料

1 神戸山手のランドマークホテル。きらめく夜景を間近に楽しめるのはこの距離感ならでは 2 絶景を望むクラブデラックスツイン 3 クラブフロアの宿泊者のみが利用できる専用ラウンジ(写真はイメージ)

旧居留地

おりえんたる ほてる

ORIENTAL HOTEL

街と人に愛され続ける神戸のシンボルホテル

神戸開港から間もない明治3年(1870)創業。その歴史と伝統を受け継ぐホテル。洋館建築が立ち並ぶ旧居留地に位置し、西洋と東洋の文化が融合する洗練された空間が広がる。サービスと料理へのこだわりは創業時から変わらない。

☎078-326-1500 住神戸市中央区京町25 交JR三ノ宮駅から徒歩10分 P150台 送迎なし MAP付録P10D3 ●IN15時／OUT12時 ●洋室116室

Note

ホテル最上階に位置するロビーからの眺望が最高のおもてなし。

料金
平　日 3万4000円～
休前日 4万円～
※季節により異なる

1 客室は六甲山を望むシティビューのほか、港の景色が広がるハーバービューも用意 2 オープンキッチンをもつ最上階のメインダイニング 3 イタリアンを中心とした、盛り付けも華やかな料理(一例)

便利なホテル

市街中心部でアクセス至便、
観光にもビジネスにも
使い勝手抜群のホテルたち。

▶料金は特記を除き1室2人で宿泊する場合の室料（税・サービス料込み）です。

三宮

だいわろいねっとほてる こうべさんのみやぷれみあ

ダイワロイネットホテル 神戸三宮PREMIER

広々とした快適な客室が魅力

客室はスタンダードタイプで21㎡以上とゆとりのある広さ。全客室バス・トイレ別のセパレートタイプでプライベートにも配慮。また、トリプル、フォース、スイートと客室のバリエーションも豊富。DATA☎078-894-3420 住神戸市中央区三宮町1-2-2 ¥ツイン1万2000円～ 交JR三ノ宮駅から徒歩7分 Pなし 送迎なし MAP付録P9C4 ●IN14時／OUT11時 ●洋室265室

北野

すーぱーほてるこうべ

スーパーホテル神戸

気軽なビジネススタイル

リーズナブルに泊まれるビジネスホテル。ツインルームは2室に1台ずつベッドが入り、コネクトして使うスタイル。焼きたてパン付きの朝食ブッフェは無料サービス。DATA☎078-261-9000 住神戸市中央区加納町2-1-11 ¥ツイン1万500円～ 交JR三ノ宮駅から徒歩8分 P10台 送迎なし MAP付録P6D3 ●IN15時／OUT10時 ●洋室87室

南京町

こうべもとまちとうきゅうれいほてる

神戸元町東急REIホテル

南京町のランドマークホテル

南京町の東入口、長安門に隣接。客室はシングルでも140cm幅とゆとりのベッドサイズがうれしい。大きな窓から朝の光が入るゲストラウンジで朝食を、午後からは挽きたてコーヒーなどを味わえる。DATA☎078-327-0109 住神戸市中央区栄町通1-2-35 ¥ツイン3万250円～ 交JR元町駅から徒歩3分 P24台 送迎なし MAP P71 ●IN15時／OUT10時 ●洋室191室

三宮

ほてるゔぃらふぉんてーぬこうべさんのみや

ホテルヴィラフォンテーヌ神戸三宮

スタイリッシュな広めの客室

モダンな雰囲気と上質なサービスが、旅行者にもビジネスマンにも人気。広々とした客室でゆったり旅の疲れを癒やせる。焼きたてパンが登場する朝食ブッフェもおすすめ。DATA☎078-224-5500 住神戸市中央区旭通4-1-4 ¥ダブル8250円～ 交JR三ノ宮駅から徒歩4分 P提携駐車場など利用（予約不可）送迎なし MAP付録P6E4 ●IN15時／OUT11時 ●洋室185室

元町

かんでおほてるず こうべとあろーど

カンデオホテルズ 神戸トアロード

街の喧騒から離れたスカイスパ

最上階にはスパがあり、展望露天風呂や内風呂、サウナなど充実の設備で心身ともにリラックスできる。朝食ブッフェは季節の食材を生かした豊富なメニューを取り揃えている。DATA☎078-958-6755 住神戸市中央区三宮町3-8-8 ¥ツイン1泊素泊まり1万3000円～ 交JR元町駅から徒歩3分 Pなし 送迎なし MAP付録P9B3 ●IN15時／OUT11時 ●洋室160室

三宮

ざびー こうべ

the b 神戸

市街中心地の快眠ホテル

三宮の繁華街の中心部に位置し、夜中まで遊んでも楽々。快眠を追求するベッド、スタイリッシュな客室が魅力。洋食の朝食ブッフェで軽やかな目覚めを。DATA☎078-333-4880 住神戸市中央区下山手通2-11-5 ¥ツイン9000円～ 交JR三ノ宮駅から徒歩3分 P10台※高さ・幅に制限あり 送迎なし MAP付録P9C2 ●IN15時／OUT11時 ●洋室168室

三宮

だいわろいねっとほてるこうべさんのみや

ダイワロイネットホテル神戸三宮

充実の設備でゆったりステイ

美容アイテムが充実した「レディスルーム」が女性にも人気。客室はシングルでも18㎡以上とゆったりとした設計。DATA☎078-291-4055 住神戸市中央区御幸通5-1-6 ¥ツイン1万1000円～ 交JR三ノ宮駅から徒歩7分 P32台（1泊1500円※先着順）送迎なし MAP付録P8F4 ●IN14時／OUT11時 ●洋室225室

駅近 禁煙ルームあり 朝食ブッフェあり リラクゼーション施設あり インターネット客室無料回線あり

憧れの神戸は
ご近所エリアも素敵なんです。

街なか観光を楽しんだら、ご近所エリアへも出かけましょう。
山上の避暑地・六甲に、文人墨客の愛した古湯・有馬、
全国から乙女が集まる宝塚、白亜に輝く世界遺産・姫路城。
どこも1日かけて、ゆっくりと巡りたい場所ばかりです。

かつて異人たちも訪れた神戸の避暑地・六甲山

このエリアの情報
・阪急神戸三宮駅から電車・バスで約40分
・バスでまわって約1日

市街地よりも気温がおよそ5°C低く涼しい六甲山。
その気候と市街を見渡せるロケーションが愛され続ける、緑豊かな避暑地です。

1

2

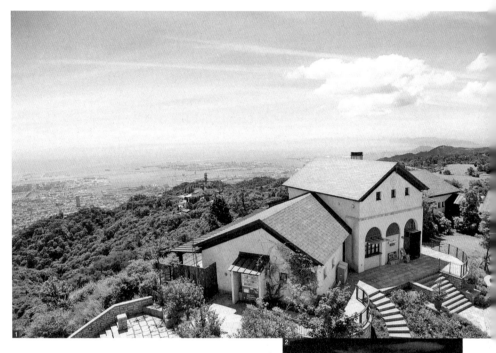

ろっこうがーでんてらす
六甲ガーデンテラス A

眼下に広がる神戸市街を一望

展望台やレストラン、ショップなどが集まった神戸屈指のロケーションを誇る複合施設。標高約880mにあり、「自然体感展望台 六甲枝垂れ」「見晴らしの塔」など4つのビュースポットからは、神戸市街や港はもちろん明石海峡大橋も望むことができる。

☎078-894-2281 住神戸市灘区六甲山町五介山1877-9 ⏰9時30分～21時 休木曜（季節・店舗により異なる、冬期メンテナンス休業日あり）交六甲ケーブル六甲山上駅から六甲山上バスで10分、六甲ガーデンテラス下車すぐ P340台

1 六甲の自然に囲まれて立つテラスは夏でも涼しく空気もきれい 2 展望台から望む神戸市街や港の景色は神戸随一の美しさ

ドーム型の「自然体感展望台 六甲枝垂れ」は見晴らし最高！

洋風料理を楽しめるグラニットカフェ
☎078-894-2112

グラニットカフェはランチのほか、スイーツも豊富

ヴォーリズの意匠を今に伝える

ヴォーリズの名建築「ヴォーリズ六甲山荘（ゔぉーりずろっこうさんそう）」は4月～11月中旬の土・日曜、祝日（11～16時、入場は～15時30分）のみ公開。臨時休館あり。☎0798-65-4303（アメニティ2000協会事務局）MAP P121

ろっこうさんあすれちっくぱーくぐりーにあ

六甲山アスレチックパークGREENIA B

日本最大級のアスレチック

神戸・六甲山にある日本最大級のアスレチックパーク。人気動画クリエイター「フィッシャーズ」監修のエリアは遊びの工夫が満載。山・空・水辺すべてが舞台の冒険王国を楽しもう!

☎078-891-0366 住神戸市灘区六甲山町北六甲4512-98 ¥入場3000円（ほか有料施設あり）🕒10～17時 休木曜（祝日の場合は営業）交六甲ケーブル六甲山上駅から六甲山上バスで7分、アスレチックパーク前下車、徒歩4分 P700台

◀落水必至の水上アスレチックを攻略しよう

●起点へのアクセス
神戸三宮駅から阪急神戸線で7分の阪急六甲駅乗り換え、市バス六甲ケーブル下行きで14分の六甲ケーブル下駅乗り換え、六甲ケーブルで10分、六甲山上駅下車、六甲山上バスで各所へ。広域図 付録P3C2

ろっこうこうざんしょくぶつえん

六甲高山植物園 C

山の上で出合う珍しい植物たち

六甲山山頂近くの植物園。年間平均気温が9℃という涼しい気候で、自生の植物のほか、世界の高山植物や寒冷地の植物を多数栽培する。

☎078-891-1247 住神戸市灘区六甲山町北六甲4512-150 ¥入園900円 🕒10～17時（入園は～16時30分）休公式Webサイトを確認、11月下旬～3月中旬休園 交六甲ケーブル六甲山上駅から六甲山上バスで10分、高山植物園下車すぐ P70台

▲栽培植物は約1500種、自然に近い環境で珍しい高山植物を観賞できる

▲自動演奏楽器による「演奏家のいないコンサート」や併設のナチュラルガーデンに癒やされる

ろっこうもりのねみゅーじあむ

ROKKO森の音ミュージアム D

自動演奏楽器のコンサートを開催

19世紀から20世紀の自動演奏楽器を中心に所蔵。併設のナチュラルガーデンでは約300種の植物とハンズオンの音の展示やハンモック、カフェテラスなどでのんびりできる。

☎078-891-1284 住神戸市灘区六甲山町北六甲4512-145 ¥入場1500円 🕒10～17時（入場は～16時30分）休木曜（一部営業）交六甲ケーブル六甲山上駅から六甲山上バスで5分、ミュージアム前下車、徒歩1分 P89台

▼敷地内の六甲山Q・B・Bチーズ館売店で販売されるカマンベールチーズ入りベイクドチーズケーキ970円

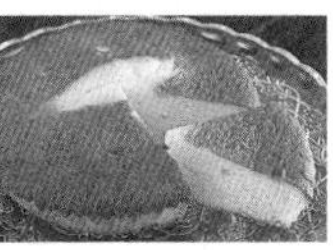

こうべしりつろっこうさんぼくじょう

神戸市立六甲山牧場 E

のんびりとした動物に癒やされて♪

羊やウサギなどの動物たちが見られるほか、アイスやチーズ作りの体験教室も開催。チーズ料理の「レストラン神戸チーズ」もおすすめ。

☎078-891-0280 住神戸市灘区六甲山町中一里山1-1 ¥入園600円（12～2月は400円）🕒9～17時（入場は～16時30分）休火曜（夏休み期間は無休）、冬期休業あり（公式Webサイトを確認）交六甲ケーブル六甲山上駅から（六甲・摩耶）スカイシャトルバスで15分、六甲山牧場下車すぐ P800台

▲放牧される羊とは間近でふれあうことができる。ゆっくりとした動きに癒やされる

六甲山は各スポットが比較的近くに集まっているので、1日でまわれます。効率よく移動するには車かバス利用がおすすめ。

ひと足延ばして情緒あふれる有馬温泉へ

このエリアの情報
・地下鉄三宮駅から電車で約30分
・散策&立ち寄り湯で約1日

日本三古湯の一つでもある有馬はレトロな街並みが印象的な温泉街です。代表的な金泉・銀泉に浸かり比べて、効能を実感してみてはいかが?

▲「あつゆ」と「ぬるゆ」、2つの浴槽がある。一の湯の壁は有馬の竹をイメージ

▲外湯の周辺には、昔懐かしい温泉情緒あふれる街並みが広がる

有馬本温泉 金の湯 Ⓐ
ありまほんおんせん きんのゆ

かけ流しの金泉で

有馬温泉のほぼ中心に位置し、貴重な金泉がかけ流しで楽しめる温泉街屈指の外湯で、鉄や塩分を多く含み、「あつゆ」と「ぬるゆ」の異なる湯温の浴槽がある。建物の外には誰でも無料で利用できる足湯があり、散策途中にも訪れやすい。

☎078-904-0680 住神戸市北区有馬町833 ¥入浴650円～ 🕒8～22時(入館は～21時30分) 休第2・4火曜(祝日の場合は翌日) 交神戸電鉄有馬温泉駅から徒歩5分 Pなし

◀近くに立つ極楽寺(MAP P123)からは、豊臣秀吉造営の「湯山御殿」の遺構が見つかった

有馬温泉 銀の湯 Ⓑ
ありまおんせん ぎんのゆ

銀泉効果で憧れのすべすべ肌に

炭酸源泉とラジウム泉をブレンドした外湯で、大浴場や打たせ湯、気泡浴、蒸気式のサウナなどバラエティに富んだ施設が魅力だ。無色無臭の銀泉は金泉に比べて入りやすく、美肌に効果があることから女性を中心に人気が高い。

☎078-904-0256 住神戸市北区有馬町1039-1 ¥入浴550円～ 🕒9～21時(入館は～20時30分) 休第1・3火曜(祝日の場合は翌日) 交神戸電鉄有馬温泉駅から徒歩10分 Pなし

▶温泉街のなかでもひときわ静かなねがい坂の上に位置。外観は鐘楼をイメージしている ▼天井が高く開放的な大浴場。内装は豊臣秀吉が好んだという岩風呂をイメージ

世界のおもちゃが集合

「有馬玩具博物館（ありまがんぐはくぶつかん）」には、ヨーロッパのものをはじめ約4000点のおもちゃを展示。触れて遊べるコーナーや不定期開催の工作教室も人気。

☎078-903-6971 MAP P123

蕎麦 土山人 有馬（そば どさんじん ありま） C

風味を大切にしたそば

芦屋に本店を構える人気そば店。原材料、ツユ、器などすべてにこだわり、五感でそばを楽しめる。だし巻きや天ぷらなどの一品料理も。

☎078-904-3036 住神戸市北区有馬町1056 ⏰11〜15時、17〜20時 休水曜 交神戸電鉄有馬温泉駅から徒歩7分 Pなし

▲和モダンな造りの店構え。店内は木の温かみを感じられる空間になっている

▲見た目もさわやかなすだち蕎麦1600円は看板商品

三津森本舗（みつもりほんぽ） D

サクサク歯ざわりの炭酸煎餅

有馬名物・炭酸せんべいの老舗。せんべいはサクッと軽く、1枚食べるとやみつきに。袋入りや缶入りなどバラエティ豊かでおみやげにも最適。

☎078-904-0106 住神戸市北区有馬町809 ⏰9〜17時 休無休 交神戸電鉄有馬温泉駅から徒歩8分 Pなし

◀明治の創業から変わらぬ手焼きの製法が香ばしい味の秘訣。丸缶入り34枚は1200円

●起点へのアクセス
地下鉄三宮駅から神戸市営西神・山手線・北神線で11分の谷上駅乗り換え、神戸電鉄有馬線で11分の有馬口駅乗り換え、神戸電鉄有馬線で4分、有馬温泉駅下車。または三宮駅から西日本JRバス・神姫バスで26〜30分。

広域図 付録P2D2

吉高屋（よしたかや） F

有馬らしいおみやげがずらり

明治から続くみやげ物店。炭酸せんべいなどの名産品をはじめ、温泉分析書に基づいた入浴剤や温泉水配合の石鹸、コスメなど、オリジナル商品も豊富。

☎078-904-0154 住神戸市北区有馬町259 ⏰9時30分〜19時 休水曜（祝日の場合は営業）交神戸電鉄有馬温泉駅からすぐ P5台

▲入浴剤・カメ印自宅湯原料 1包各220円。金湯と銀湯の2種類

Café De Beau（かふぇ ど ぼう） E

温泉街にマッチするレトロ喫茶

アンティーク家具やBGMがノスタルジックな雰囲気。こだわりの豆を使ったコーヒーが味わえるほか、「金泉塩」を使ったスイーツも美味。

☎078-904-0555 住神戸市北区有馬町835 ⏰9〜18時（17時LO） 休不定休 交神戸電鉄有馬温泉駅から徒歩6分 Pなし

◀一番人気は丹波産黒豆を使ったタルト660円（店内）。黒豆プリン1122円（店内）はなめらかな食感

徒歩での散策がおすすめ。四季折々の景観や有馬温泉の歴史あるみどころに出合えます。

心もほぐれる贅沢時間を 有馬温泉の憧れ湯宿

ゆっくり温泉に浸かった後は、おいしいお食事を。のんびり過ごせる1泊2日旅なら、有馬が誇る湯宿でしっとりと。料理もお風呂もサービスも、すてきポイントいっぱいです。

ひょうえこうようかく

兵衛向陽閣

広大な敷地内に3つの大浴場を擁し、すべてに露天風呂がある。夕食は旬の食材を使った会席料理のほか、炭火焼、バイキングなどが選べる。プランによって朝夕ともに部屋食も可能。

☎078-904-0501 住神戸市北区有馬町1904 交神戸電鉄有馬温泉駅から徒歩6分 P120台 送迎あり（要電話連絡）MAP P123 ●全126室（和121、洋2、和洋3）●泉質：含鉄・ナトリウム-塩化物強塩高温泉 ●内湯2、露天2

有馬四季菜ブッフェ
バラエティ豊かな約50種類の料理を楽しめる。1泊2食付き2万4240円～。

豊臣秀吉も愛した創業七百余年の老舗旅館

CHECK
1泊2食付き料金
平日2万4240円～
休前日3万3590円～
時間
IN14時30分／OUT11時

1 豊かな金泉を楽しめる露天風呂 2 洗練された和のしつらえの客室 3 歴史と伝統を感じる老舗旅館ながら常にアップデートし続ける

きんざん

欽山

四季折々の懐石料理と有馬の金泉が楽しめる、数寄屋のたたずまいが美しい高級料亭旅館。最新の設備を導入した東館・銀泉半露天特別室5タイプ12室がリニューアルオープン。

☎078-904-0701 住神戸市北区有馬町1302-4 交神戸電鉄有馬温泉駅から徒歩3分 P60台 送迎あり（要予約）MAP P123 ●全31室（露天貴賓1、半露天特別12、和12、和洋1、特別2、貴賓3）●1994年新装 ●泉質：含鉄-ナトリウム-塩化物強塩高温泉 ●内湯2、露天2

リピーターに人気

四季を感じるこだわりの創作懐石
旬の山海の幸をふんだんに使った、繊細で美しい懐石料理を。

自慢は細やかな接客と四季折々の旬の味わい

CHECK
1泊2食付き料金
平日5万2950円～
休前日5万8450円～
時間
IN15時／OUT12時

1 大浴場は朝夕で男女が入れ替わる。写真はつづみの湯 2 部屋には心休まる茶香炉の香りが漂う 3 春・夏・冬休み期間を除き、宿泊は中学生以上限定

源泉かけ流し　部屋食　エステあり　禁煙ルームあり　大浴場あり　ひとり宿泊OK

のんびり連泊派におすすめ！

「小宿とうじ」は、素泊まりのみ平日2人1万1000円～とお手頃で外湯「金の湯」「銀の湯」を楽しめます。
☎078-904-0708（有馬温泉観光総合案内所）MAP P123

とうせん ごしょぼう

陶泉 御所坊

建久2年（1191）創業の老舗。神戸の外国文化が薫る空間は、文豪・谷崎潤一郎をはじめとする多くの文化人に愛された。木造のたたずまいは情緒たっぷり。

☎078-904-0551 住神戸市北区有馬町858 交神戸電鉄有馬温泉駅から徒歩5分 P40台 送迎あり（要予約）MAP P123 ●全16室 ●泉質：含鉄-ナトリウム-塩化物強塩高温泉 ●半露天1、貸切2

有馬屈指の老舗旅館で文豪気分に浸る

風呂は加水・加温なしの金泉かけ流し

CHECK
1泊2食付き料金
平日3万2400円～
休前日3万8900円～
時間
IN15時／OUT10時

安心のおいしい食材
自家栽培の米や有機野菜、明石浦漁港の魚介など、食材にこだわりあり。

なかのぼうずいえん

中の坊瑞苑

創業は明治元年（1868）。有馬を代表する天神泉源の金泉を愉しめる高級宿で、静かな時間を堪能できる。利用は13歳以上限定。

☎078-904-0781 住神戸市北区有馬町808 交神戸電鉄有馬温泉駅から徒歩5分 P35台 送迎あり（要電話連絡）MAP P123 ●全47室（和21、和洋8、ツイン14、特別4）●2017年11月改装 ●泉質：含鉄-ナトリウム-塩化物強塩高温泉 ●内湯2、露天1、貸切2

最高のもてなしと空間がつくる大人のための極上時間

赤御影のタイルを使った湯槽。庭を眺めながら湯浴みを

CHECK
1泊2食付き料金
平日4万5800円～
休前日5万2400円～
時間
IN14時／OUT12時

落ち着く個室食事処
「有馬優彩」では料理人の技が光る料理をくつろいで堪能できる。

ほてるはなこやど

ホテル花小宿

木造旅館を改修した、ゆるりと過ごせる大人の宿。釜炊きご飯や備長炭で焼く旬の魚など、食事処で味わえる料理が好評だ。利用は13歳以上限定。

☎078-904-0281 住神戸市北区有馬町1007 交神戸電鉄有馬温泉駅から徒歩7分 P40台 送迎あり（要確認）MAP P123 ●全9室（ツイン8、スイート1）●1999年創業 ●泉質：含鉄-ナトリウム-塩化物強塩高温泉 ●貸切2

時間を忘れて逗留したい9室のみのオーベルジュ

情緒を感じる落ち着いた雰囲気の客室。時間が止まったかのような空間だ

CHECK
1泊2食付き料金
平日2万4900円～
休前日2万8900円～
時間
IN15時／OUT12時

メインダイニング
かまどを使った炭火料理が味わえる「料膳 旬重」はカジュアルさが評判。

お風呂と食事が楽しめる日帰りプランを実施している宿も多いので、時間がない人はこちらがおすすめです。

世代を超えて愛される 宝塚歌劇とともに歩む街・宝塚

このエリアの情報
・阪急神戸三宮駅から電車で約40分
・歩いてまわって約1日

夢と感動が詰まった舞台・宝塚歌劇の本拠地として知られている宝塚。タカラジェンヌ御用達のお店や公園など、多彩なスポットが集まる街です。

みどころの一つ、ショーのグランド・フィナーレ

©宝塚歌劇

宝塚大劇場（たからづかだいげきじょう） Ⓐ

憧れのステージを鑑賞

100年以上にわたり、歴史と伝統を重ねる宝塚歌劇の専用劇場。劇場内には宝塚の歴史を紹介する「宝塚歌劇の殿堂」、舞台衣裳のレプリカを着用し、舞台メイクで記念撮影できる「ステージスタジオ」など宝塚の世界を堪能できる施設が充実している。

☎0570-00-5100（宝塚歌劇インフォメーションセンター） 住宝塚市栄町1-1-57 ¥B席3500円～、SS席1万2500円 ⏰10～18時 休月曜 交阪急宝塚駅から徒歩10分 P500台

▲現在のスターの紹介や、最近の公演で使用した衣裳や小道具などを展示

◀衣裳（レプリカ）を着て記念撮影できるSalon de Takarazukaステージスタジオ

ショップ「レビューショップⅡ」でおみやげゲット

宝塚オリジナルふきんほか（白雪ふきん）550円～

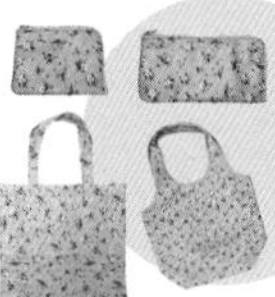

宝塚オリジナルスミレ柄ポーチ・バッグシリーズ（ティッシュポーチ）1400円～

宝塚スターもお気に入り！

昭和39年(1964)の創業以来親しまれる「サンドウィッチ ルマン宝塚南口本店」。こちらのサンドウィッチはタカラジェンヌやファンの間でも大人気。
☎0797-72-0916 MAP P127

たからづかしりつぶんかげいじゅつせんたー
宝塚市立文化芸術センター B

アート&自然に触れる場所

誰でもいつでも立ち寄れる憩いの場で、宝塚市の魅力を発信する役割も担う施設。木々に包まれたメインガーデンでは季節ごとの表情を楽しめる。☎0797-62-6800 住宝塚市武庫川町7-64 ¥入館無料 ⏰10～18時（メインガーデンは～17時）休水曜（2025年4月からは月曜に変更）、ほか臨時休あり 交阪急宝塚南口駅から徒歩7分 P12台(有料)

▲庭園を眺めながらくつろげるライブラリー。展覧会やイベントも開催▶癒やしの空間が広がる美しい庭園（都市公園）は入園無料。読書や散歩など誰でも自由に散策できる

たからづかつるやほんぽ
宝塚つるや本舗 C

季節の和菓子と名物の餅

60年以上の歴史を誇る和菓子店。オーダー後に切り分ける「づか乙女」は、とろとろの求肥にきな粉の風味が香る。☎0797-86-2804 住宝塚市栄町1-6-2花のみちセルカ2番館1階 ⏰9～19時 休水曜 交阪急宝塚駅から徒歩4分 P花のみちセルカ駐車場利用

▲きな粉とヨモギ2種類の餅を詰め合わせた「づか乙女」は、6個入り600円～

●起点へのアクセス
神戸三宮駅から阪急神戸線で20分の西宮北口駅乗り換え、阪急今津線で14分、宝塚駅下車。
広域図 付録P2E1

なちゅーるすぱたからづか
ナチュールスパ宝塚 D

多彩な温浴施設で美と健康を

宝塚温泉を源泉とした2種の内湯を楽しめる。水着着用の露天ジャクジーや岩盤浴、フィットネスなども充実。☎0797-84-7993 住宝塚市湯本町9-33 ⏰9時30分～22時（土・日曜、祝日は～21時）休木曜 交阪急宝塚駅から徒歩3分 P22台

▲宝塚が一望できる露天ジャクジー

たからづか はな
宝塚 英（HaNa） E

華やかなデコレーション焼き菓子

オリジナルの絵柄やメッセージを入れるオーダークッキー（要予約）が人気の店。併設のカフェでは、40種類以上の紅茶540円～とケーキが味わえる。☎0797-72-8701 住宝塚市南口2-4-58 ⏰10～18時（カフェ11時30分～）休月～水曜 交阪急宝塚南口駅からすぐ P1台

▲贈り物にも人気のオーダークッキー2160円～(応相談)

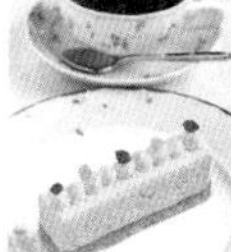

◀ケーキ378円～と、豊富な紅茶をどうぞ

たからづかほてる
宝塚ホテル F

夢の続きを、ここで

阪急宝塚駅から徒歩約4分、宝塚大劇場のオフィシャルホテル。館内には宝塚歌劇関連の物品を展示しているギャラリーもあり、ゆったりと歌劇の雰囲気に浸れる。☎0797-87-1151 住宝塚市栄町1-1-33 ¥ツイン1室3万3880円～ ⏰IN14時／OUT11時 交阪急宝塚駅から徒歩4分 P104台

◀外観だけでなくロビーや客室もまるで宮殿のよう

宝塚歌劇は花・月・雪・星・宙組の5組が交替で舞台を行っています。専属オーケストラによる生演奏にも注目。

アートスポットで洗練された芸術に触れる

街を歩けば、洗練された芸術がそこかしこに。
ファッション、とんぼ玉などに特化した個性派にも注目です。

岩屋

ひょうごけんりつびじゅつかん

兵庫県立美術館

建物自体がアートのような空間

兵庫にゆかりのある作家を中心に、1万点以上の作品を所蔵する西日本最大級の美術館。建築家・安藤忠雄による設計で、芸術的な館内を巡っていると、まるで建物そのものを鑑賞しているような気分になる。

☎078-262-1011 住神戸市中央区脇浜海岸通1-1-1 ¥コレクション展500円(特別展は別途) ⏰10～18時(入場は30分前まで) 休月曜(祝日の場合は翌日)、年末年始、メンテナンス休館日 交阪神岩屋駅から徒歩8分 P80台(有料) MAP付録P3C3

1神戸出身の洋画家・小磯良平の作品が間近で見られる記念室 2海のすぐそばに立ち、張り出した大屋根が特徴的な建物

こちらも行きたい！

オブジェを見になぎさ公園へ

兵庫県立美術館のすぐ近くにあるなぎさ公園には、芝生広場やウッドデッキのハーバーウォークなどがあり、海風を感じながら憩えるスポット。園内にはさまざまなアーティストのオブジェが点在する。美術館帰りに立ち寄ろう。

☎なし 住神戸市中央区脇浜海岸通1 ⏰休見学自由 交阪神岩屋駅から徒歩10分 Pなし MAP付録P3C3

1名和晃平さんの『Ether (family) (エーテルファミリー)』。エネルギーの循環と生命の永続性を表現 2彫刻家三沢厚彦さんの『KOBE Bear』。高さ3.5mのブロンズ製の熊、同じポーズで写真を撮る!? 3籔内佐斗司さんの『犬モ歩ケバ』。犬の数はなんと20匹！ 4県立美術館南にあるヤノベケンジさんの『サン・シスター』。通称なぎさちゃん

レトロアートビル

明治～昭和時代の建築が数多く残る旧居留地には、大丸神戸店別館の旧居留地38番館をはじめ、芸術的価値の高いレトロビルが密集。建物ウォッチングも楽しめます(☞P88)。

王子公園

よこおただのりげんだいびじゅつかん

横尾忠則現代美術館

横尾忠則の感性を発信

兵庫県西脇市出身で、国内外で高い評価を受けてきた横尾忠則の寄贈作品がメインの美術館。横尾作品を多彩なテーマで紹介する企画展や、コンサートなどイベントも開催。

☎078-855-5607 住神戸市灘区原田通3-8-30 ¥展覧会により異なる 🕒10～18時(入場は30分前まで) 休月曜(祝日の場合は翌平日)、展示替え期間 交阪急王子公園駅から徒歩6分 P31台(有料) MAP付録P3C3

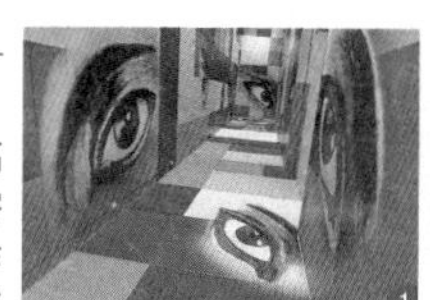

1通称「目玉廊下」など写真撮影可能な人気の映えスポットがある 2開館は平成24年(2012)。思う存分横尾ワールドを堪能できる

『腰巻きお仙』1966年 作家蔵(横尾忠則現代美術館寄託) 劇団状況劇場の公演ポスターとして作成された

六甲アイランド

こうべふぁっしょんびじゅつかん

神戸ファッション美術館

多彩なアートを楽しんで

ファッションをテーマにした日本初の公立美術館。多彩なアートを紹介する「特別展」、収蔵品からなる「コレクション展」を開催する(「コレクション展」は開催しない場合あり)。ライブラリーにはファッション関連の蔵書が約4万5000冊並ぶ。

☎078-858-0050 住神戸市東灘区向洋町中2-9-1 ¥展示内容により異なる 🕒10～18時(入館は～17時30分) 休月曜(祝日の場合は翌平日) 交六甲ライナーアイランドセンター駅からすぐ Pあり(有料) MAP付録P2D3

UFOをイメージさせる斬新なデザインの外観

三宮

こうべとんぼだまみゅーじあむ

KOBEとんぼ玉ミュージアム

「世界で一つ」とんぼ玉制作体験も

とんぼ玉をはじめとした、古代から現代までのランプワークという技法で作られたガラス工芸作品を展示。とんぼ玉の制作体験もでき、「観る・学ぶ・創る・買う」の楽しさに満ちあふれたミュージアム。

☎078-393-8500 住神戸市中央区京町79 日本ビルヂング2階 ¥入館400円 🕒10～19時(最終入館18時45分) 休無休 交各線三宮・元町駅から徒歩8分 Pなし MAP付録P10E3

小さなガラス玉の中にも、独創的な世界が広がっている

新港町

でざいん・くりえいてぃぶせんたーこうべ(きいと)

デザイン・クリエイティブセンター神戸(KIITO)

神戸のクリエイティビティの拠点

昭和初期に建築された輸出生糸の検査所が、デザインを介して人々が集う施設に生まれ変わった。幅広い年代を対象に、デザインやアートをテーマにした多彩なワークショップやイベントを開催。カフェやライブラリもあり、ゆっくり過ごせる。

☎078-325-2201 住神戸市中央区小野浜町1-4 ¥入館無料 🕒9～21時 休月曜(祝日、振替休日の場合はその翌日) P13台 交ポートライナー貿易センター駅から徒歩10分 MAP付録P4E4

レトロ空間が多目的ホールや展示室として活用されている

📖「兵庫県立美術館」は、神戸の中心部から少し離れていますが、神戸アートのメインスポットなので、ぜひ訪れてみてください。

ひと足延ばして

ココにも行きたい

宝塚・神戸市近郊・西宮のおすすめスポット

宝塚市立手塚治虫記念館
たからづかしりつてづかおさむきねんかん

手塚漫画ワールドにどっぷり

約20年を宝塚で過ごした漫画家・手塚治虫の記念館。『リボンの騎士』の王宮風の玄関ホールなど漫画を再現した館内では、写真や原稿の見学やアニメ制作体験が楽しめる。DATA☎0797-81-2970 住宝塚市武庫川町7-65 ¥入館700円 ⏲9時30分～17時（入館は～16時30分）休月曜（祝日、春・夏休みの場合は開館）、臨時休館あり 交JR・阪急宝塚駅から徒歩10分 Pなし MAP P127

ラスイートルパンビル
らすいーとるぱんびる

2025年オープン予定の食の複合施設

ホテル ラ・スイート 神戸ハーバーランド（☞P114）を運営するラスイートが手がける2025年1月オープン予定の複合施設。施設内には人気パン店の本店や足湯を楽しめるカフェなどが入る。DATA☎078-381-5511（オープン後利用可）住神戸市中央区新港町1-12 ⏲未定 休無休 交JR三ノ宮駅からポートループで8分、新港町下車すぐ P168台 MAP付録P4D4

六甲昆虫館 Antico Naturale
ろっこうこんちゅうかん あんていこ なとぅらーれ

集める標本から魅せる標本へ

自然豊かな六甲山系の麓・神戸北野の異人館街で、蝶を中心とした世界中の昆虫標本を展示販売している。昆虫標本や標本箱はすべて店主の手作りで、意匠を凝らした品々はインテリアとしての評価も高く、美しい。DATA☎078-222-2529 住神戸市中央区山本通2-13-13 ⏲11時30分～19時 休火曜 交JR三ノ宮駅から徒歩15分 Pなし MAP付録P7C2

NATURE STUDIO
ねいちゃー すたじお

元小学校の校舎を活用したリノベ施設

平成27年（2015）に廃校となった湊山小学校の跡地に誕生した複合施設。かつて理科室や図書室だった場所を使った「みなとやま水族館」のほか、クラフトビールブルワリーやハーブ専門店など、多彩なテナントが入る。DATA☎なし 住神戸市兵庫区雪御所町2-18 ⏲8～19時（施設により異なる）休不定休 交JR神戸駅から神戸市バス7系統で14分、石井橋下車、徒歩1分 P63台 MAP付録P5A1

神戸ドールミュージアム／神戸時計デザイン博物館
こうべどーるみゅーじあむ／こうべとけいでざいんはくぶつかん

アンティークドールにうっとり

フランスのアンティークビスクドール、オートマタを中心とした人形を収集・展示する博物館。機械仕掛けのオートマタのメカニズムなどを展示。1階は「絵葉書資料館」を併設。DATA☎078-705-0080 住神戸市垂水区歌敷山1-7-20 ¥入館1000円 ⏲休火・木・金曜11～17時（公式Webサイトより要予約）交山陽電車霞ケ丘駅から徒歩7分 Pなし MAP付録P3A4

器 暮らしの道具 フクギドウ
うつわ くらしのどうぐ ふくぎどう

「豊かな暮らし」を求めて

沖縄のやちむんをはじめとする器や籠など生活雑貨に加え、隣接する「服と、あれこれ。フクギドウ」では、着心地のよいMITTANなどユニセックスの普段着も扱う。ギャラリースペースでは不定期で企画展も開催。DATA☎078-767-0015 住神戸市灘区八幡町3-6-17 ¥入館無料 ⏲10～17時 休不定休 交阪急六甲駅からすぐ Pなし MAP付録P2D3

神戸市立王子動物園
こうべしりつおうじどうぶつえん

愛らしい動物が勢揃い

人気者のコアラやホッキョクグマ、ゾウなどが揃う動物園。約120種の動物が飼育されており、ふれあい広場はウサギやモルモットをさわることができる。DATA☎078-861-5624 住神戸市灘区王子町3-1 ¥入園600円 ⏲9～17時（11～2月は～16時30分、入園は閉園の30分前まで）休水曜（祝日の場合は開園）交阪急王子公園駅から徒歩3分 P390台 MAP付録P3C3

神戸須磨シーワールド
こうべすましーわーるど

西日本で唯一シャチがいる学べる水族館

2024年6月1日にグランドオープンした、学びと遊びを融合した「つながる」エデュテインメントがコンセプトの水族館。シャチを見ながら食事ができるレストランや、イルカとふれあえるビーチは必見。DATA☎078-731-7301 住神戸市須磨区若宮町1-3-5 ¥入園3100円 ⏲10～18時（入園は閉園の1時間前まで、時期により異なる）休不定休 交JR須磨海浜公園駅から徒歩5分 P1562台（有料）MAP付録P3B4

六甲アイランド マリンパーク
ろっこうあいらんど まりんぱーく

ますます楽しくなる海辺の公園

六甲アイランドの南端にある海浜公園。再整備のため工事が進められており、海釣りができるエリアや親水空間が新設される予定となっている。2025年3月まで東側エリア、その後西側エリアの工事が行われる予定。DATA☎なし 住神戸市東灘区向洋町中9 休無休 交六甲ライナーマリンパーク駅から徒歩10分 P工事のため休業中（飲食店利用の場合☎078-846-0205に要問合せ）MAP付録P2D3

ぴっつぇりあ べーね べーね
PIZZERIA Bène bène

ワイン片手に焼きたてピッツァを

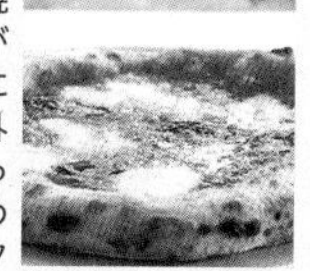

ナポリ製の薪窯で焼き上げるピッツァが自慢。高温で一気に焼き上げるので、外はパリッ&中はもちっとした食感が楽しめる。マルゲリータ1760円が定番人気メニュー。DATA☎078-858-1808 住神戸市東灘区御影2-34-10 ⏰11時30分～14時LO、18時～21時15分LO 休月・火曜 交阪急御影駅から徒歩8分 P3台 MAP付録P14A1

かるぼにえら でる とろ
CARBONIERA del TORO

地元人気のカジュアルイタリアン

全国から取り寄せる厳選素材のおいしさをストレートに感じられる料理が揃う。手打ち麺を使った季節のパスタをぜひ。パスタランチ1300円。DATA☎0798-70-8848 住西宮市名次町11-15 ⏰11時30分～14時30分（14時LO）、17時30分～22時（21時30分LO）休月曜（祝日の場合は翌日）交阪急苦楽園口駅から徒歩3分 Pあり MAP付録P14C3

こうべ きたの てらす
KOBE KITANO TERRASSE

パノラマとともに絶品フレンチを

2023年12月に開業したレストラン&バー。神戸北野ホテル（☞P112）の総料理長が手がけ、ヴィーガン料理やテイクアウトも楽しめる。DATA☎078-894-3200 住神戸市中央区神戸港地方口一里山 ⏰8～10時LO、12時～13時30分LO、18時～20時30分LO 休火・水曜（朝食は無休）交JR三ノ宮・元町駅から車で10分 P40台 MAP付録P5C1

なだごごうさけどころ
灘五郷酒所

SAKEペアリング！灘の酒を一堂に

「日本一の酒所・灘を世界に広める」をコンセプトにした日本酒スタンド。灘の26蔵の日本酒を揃え、料理と合わせた提案を行う。会計はチケット制で、初回15枚3000円。代表メニューはチケットを15枚使う、料理3皿と5杯の灘五郷酒所セット。DATA☎080-7945-8291 住神戸市東灘区御影本町3-11-2 ⏰12～21時 休月～木曜 交阪神御影駅から徒歩8分 Pなし MAP付録P2D3

かふぇ・ど・ふぇろー
カフェ・ド・フェロー

地元で昔から愛されている純喫茶

名物のワッフルは種類も豊富で表面はカリッと、中身はしっとり。香り高い豆をサイフォンで抽出したコーヒーとセットになったワッフル（プレーン）1265円が人気。DATA☎078-451-6677 住神戸市東灘区岡本1-2-4 ⏰7～17時 休月曜、第2火曜（祝日の場合は翌日）交JR摂津本山駅からすぐ Pなし MAP付録P14A3

もんろわーるおかもとざかほんてん
モンロワール岡本坂本店

神戸生まれのチョコレートハウス

各地に展開するチョコレート専門店モンロワールの本店。看板商品のリーフメモリー1296円～は、小さな巾着袋に木の葉の形のチョコレートが入ったもの。トリュフや生チョコなどの定番もギフトにおすすめ。DATA☎0120-232-747 住神戸市東灘区岡本1-12-14 ⏰10～19時 休無休 交阪急岡本駅から徒歩2分 P提携駐車場利用 MAP付録P14A3

すずきしょうてん
鈴木商店

長年愛される普段のおやつ

昔ながらのアイスキャンディとソフトクリームの店。棒が斜めに刺さったアイスキャンディは、ミルク80円やバナナ130円など全4種でどれもリーズナブル。後味さっぱりの甘さが人気で、売り切れることも多い。DATA☎078-431-5744 住神戸市東灘区田中町3-1-1 ⏰10～16時（売り切れ次第終了）休火・水曜 交JR摂津本山駅から徒歩10分 Pなし MAP付録P14A4

ぺりてい
PERITEI

実力派レストランの特製タルトを堪能

人気のフレンチレストランに併設されたパティスリー。看板メニューのタルトは、季節限定も合わせて常時5種以上ラインナップ。手前から、いちごのモンブラン、抹茶とピスタチオのタルト、モンブラン各500円。素材を生かした味わい。DATA☎0797-35-3564 住芦屋市大桝町6-8 ⏰11～19時 休月曜 交阪神芦屋駅から徒歩5分 Pなし MAP付録P14C2

えるべらん
エルベラン

素材が際立つ焼き菓子たち

昭和39年（1964）創業の洋菓子店。無駄なものを使わず、素材の味を大切にしたケーキやクッキーは、子どもから大人まで幅広く愛される。看板商品は、パイを巻いたチョコレートサブレでミルクチョコレートをサンドしたエルベランクッキー130円。DATA☎0120-440-380 住西宮市相生町7-12 ⏰10～12時、13～18時（月曜は～16時、ギフト商品のみ販売）休火曜 交阪急夙川駅からすぐ Pなし MAP付録P14C4

神戸市街からひと足延ばした郊外にも、隠れた名店や人気スポットがたくさんあります。

街なかにそびえる天下の至宝、世界遺産・姫路城を観賞します

しろまるひめです♪
日曜に会えるかも
お城でお待ちしてます!

世界に名だたる文化遺産「姫路城」。城内には国宝・重要文化財が計82棟も！
現存12天守にも数えられる白亜の名城を、隅々まで見て回りましょう。

ひめじじょう
姫路城

世界遺産

難攻不落の美しい要塞

白亜の美観で「白鷺城」の異名をもつ鉄壁の城砦。貞和2年（1346）赤松貞範の築城以来、歴代城主には黒田官兵衛や羽柴（豊臣）秀吉など。池田輝政によってほぼ現在の姿になった。

☎079-285-1146 住姫路市本町68 ¥入城1000円 ⏰9～17時（入城は～16時※季節により変動あり）休12月29・30日 交JR姫路駅から徒歩20分／城周辺観光ループバスで5分、姫路城大手門前下車すぐ P周辺駐車場利用(有料) MAP P135

日本初の世界文化遺産に登録されたのは、この姫路城と法隆寺!

地下1階～地上6階まである天守内は建築当時の姿を残す

生まれ変わった白亜の大天守

平成27年（2015）に完了した「平成の修理」では、屋根瓦が葺き直され、白い漆喰の塗り替えと耐震補強が行われた。2023年にリニューアルされたライトアップも必見。毎日日没から24時まで、姫路城の白漆喰が最も映える白色ライトアップを実施しており、20時と21時からそれぞれ15分間、季節に応じた特別演出も楽しめる。

白目地漆喰が施された美しい屋根

最上階の高さは地上約92m！

スマホでより面白く!

AR技術で再現画像や解説を見ることができる

お城の東側には赤レンガの美術館が

酒井抱一や松岡映丘など郷土ゆかりの美術家や、姉妹都市フランス・ベルギーの作家の優れた作品など国内外の近現代美術を所蔵する「姫路市立美術館」。野外彫刻もみどころ。

☎079-222-2288 MAP P135

菱の門（ひしのもん）

入城口すぐ、安土桃山時代の建築様式を残す城内最大の門。ケヤキの柱の上に菱の紋が刻まれている。

化粧櫓（けしょうやぐら）

かつての城主・本田忠政の嫡男・忠刻の正妻、千姫の休息所。復元着物の展示期間は別途観覧料が必要。

はの門南方土塀（はのもんなんぽうどべい）

さまざまな形の狭間が配置された漆喰壁の土蔵に沿って、坂道が続く。

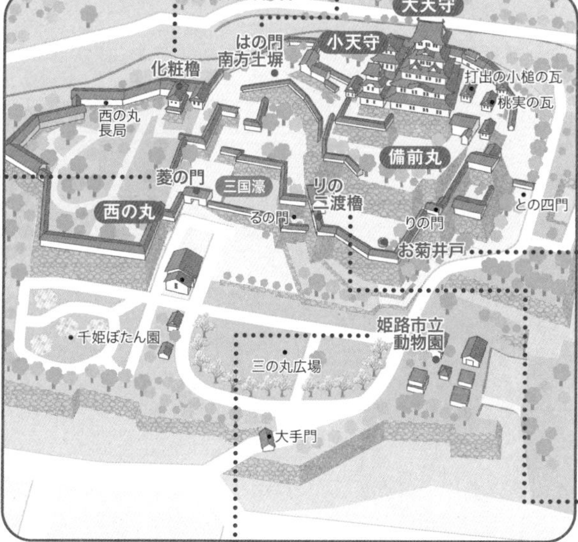

お菊井戸（おきくいど）

「お皿が1枚、2枚……」で有名な怪談『播州皿屋敷』に出てくるお菊さんが投げ込まれたと伝わる井戸。

りの二渡櫓（りのにわたりやぐら）

明治、昭和、平成に造られた大天守の鯱瓦を展示中。

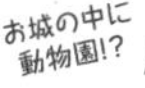

姫路市立動物園（ひめじしりつどうぶつえん）

三の丸広場に隣接するアットホームな動物園。カバやキリン、動物とのふれあいコーナーが人気。

☎079-284-3636 ¥入園250円 ⓒ9～17時（入園は～16時30分） 休12月29日～1月1日 Pなし

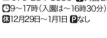

姫路市のキュートなキャラクター「しろまるひめ」

お城の住所「本町68番地」は皇居に次ぎ日本で2番目に広い番地。姫路城周り一帯の住居から学校や病院まで同じ番地です。

姫路の城下町をゆっくり散策、地元の名所・名店へ

JR姫路駅前から城周辺を巡る観光ループバスが便利! 1日券400円

姫路城を堪能した後は、ゆかりの名所でひと息ついて。
城下町に出れば、おいしいお店やおみやげ処も目白押しです。

季節の生菓子と抹茶を気軽に味わえる

広々とした本格的な数寄屋建築の茶室「双樹庵」

ひめじじょうにしおやしきあとていえん こうこえん

姫路城西御屋敷跡庭園 好古園 A

和の美を集結した空間

約1万坪の面積を誇る池泉回遊式の日本庭園。9つの庭と、築地塀の続く空間は江戸時代の風情たっぷり。園内の茶室「双樹庵」では庭を眺めつつ茶席が楽しめる。

☎079-289-4120 住姫路市本町68 ¥入園310円 ⓛ9～17時（入園は～16時30分、季節により変更あり）、双樹庵12時～15時40分最終受付 休12月29・30日 交JR姫路駅から城周辺観光ループバスで15分、好古園前下車すぐ Pなし

庭を眺めて食事を

「レストラン活水軒」では御屋敷の庭を眺めつつ、地元夢前町で無農薬栽培された夢そばが味わえる。ざる夢そば・穴子天ぷら（山芋とろろ付き）1480円。
☎079-289-4131

足を延ばして著名な古刹へ

映画『ラストサムライ』などのロケ地としても有名な「書寫山圓教寺（しょしゃざんえんぎょうじ）」へは、姫路城からバスで30分＋ロープウェイ4分＋徒歩20分で行けます。
☎079-266-3327 MAP P135

こばやし茶店（こばやしちゃてん） B

茶店の甘味でひと息

創業明治8年（1875）の老舗茶店。50年以上愛されるグリーンソフトや抹茶と和菓子のセットなど、店内でゆっくり楽しめる（詳細は「こばやし茶店」で検索）。

☎079-225-0232 住姫路市二階町66 ⏰10時～18時30分 休火曜 交JR姫路駅から徒歩7分 Pなし

▲抹茶と和菓子のセット500円

◀凍らせた定番アイス200円は夏期限定で作りたて280円もあり

おでん処 能古（おでんどころ のこ） C

新鮮素材の姫路おでん

じんわりだしの浸みたおでんを、地酒や焼酎とともに味わえる。大根や厚揚げ、季節の素材など具材は常時約35種類。しょうが醤油で、ピリッと味を引き締めて食すのが姫路流。

☎079-284-7345 住姫路市白銀町107 ⏰17～22時 休木・日曜、祝日 交JR姫路駅から徒歩5分 Pなし ※喫煙可につき未成年入店不可

▶カウンターのみ、予約がベター

◀牛スジなど定番のほか、旬を盛り込んだ具材も。1個220円～

●起点へのアクセス
三ノ宮駅からJR神戸線新快速で40分、姫路駅下車。または神戸三宮駅から阪神・神戸高速・山陽電鉄直通特急で1時間3分、山陽姫路駅下車。
広域図 付録P3A1

ハトヤ 本店（はとや ほんてん） D

姫路だけの練り物をおみやげに

地元のおでん店にも信頼の厚い練り物の老舗。穴子がまるごと入ったかまぼこや天ぷらなど種類豊富、すべて職人の手作りだ。自家醸造のクラフトビールも販売されている。駅付近にも支店多数。

☎079-222-8108 住姫路市北条口5-8 ⏰9～18時 休無休 交JR姫路駅から徒歩13分 Pあり

▶かまぼこ作りの体験コーナーもあり

▲歴代城主の家紋シリーズ「姫路城大名瓦」443円

▶穴子1本まるごと入った「国産一本穴子巻き」1本1475円

▶食べ歩きができる野菜フライ「ハトミン」103円

大手前交差点の南西、お城の間にある繁華街「魚町（うおまち）」は、夜になると居酒屋やバーで賑わいます。

神戸への交通

アクセスのメインは新幹線を中心とした鉄道で。神戸空港は就航路線が限られますが、中心部の三宮とポートライナーで直結されていて便利。運賃が安い高速バスという手段もあります。

鉄道を使う

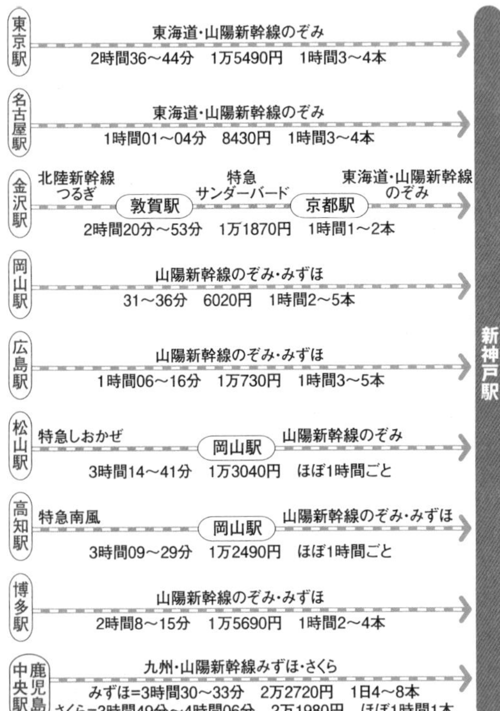

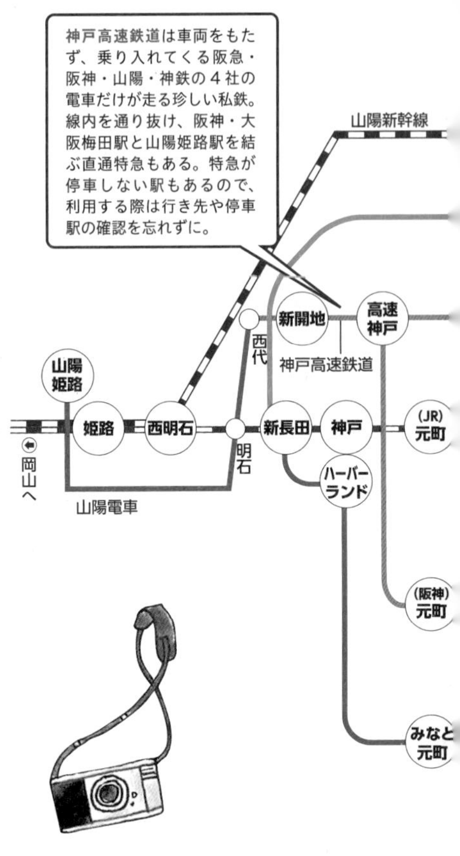

鉄道会社問合先

●JR西日本(お客様センター)　☎0570-00-2486
●JR東海(テレフォンセンター)　☎050-3772-3910
●JR九州(案内センター)　☎0570-04-1717

プランニングのヒント

新幹線新神戸駅と、JR神戸線三ノ宮駅の関係

山陽新幹線は新神戸駅に停車し、三ノ宮駅は通らない。移動には市営地下鉄が便利で、所要2分・210円。神戸市内行きのJR乗車券の場合、目的地が甲南山手～舞子間の駅なら、新神戸駅で途中下車し三ノ宮駅で再入場が可能。神戸市内発の場合も、三ノ宮駅で途中下車し新神戸駅から再乗車できる。ただし、移動中の地下鉄運賃は別途必要。

お得な情報

●EX早特21ワイド(JR東海・JR西日本)

乗車21日前までの予約で、「のぞみ」の普通車指定席が割引になる。ただし座席数限定で、繁忙期には設定がない。予約はネット予約サービス「スマートEX」から。東京・品川駅～新神戸駅1万2630円、新横浜駅～新神戸駅1万2330円。

●スーパー早得21(JR九州)

乗車21日前までの予約で、九州から本州方面への新幹線の普通車指定席が割引になる。ただし座席数限定で、繁忙期には設定がない。予約は「JR九州インターネット列車予約」から。熊本駅～新神戸(市内)1万4340円、鹿児島中央駅～新神戸(市内)1万6900円。2025年3月31日利用分まで発売。

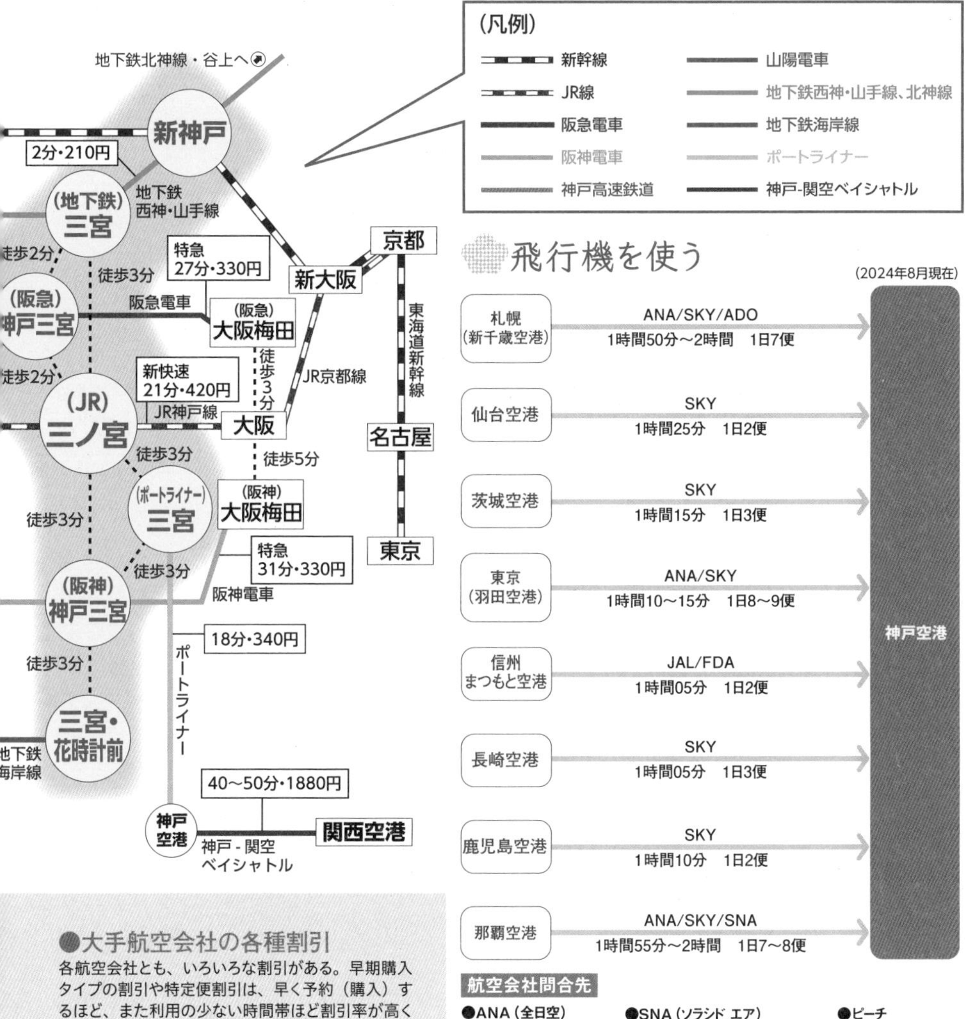

航空会社問合先

- ●ANA(全日空) ☎0570-029-222
- ●JAL(日本航空) ☎0570-025-071
- ●ADO(エア・ドゥ) ☎011-707-1122
- ●SNA(ソラシド エア) ☎0570-037-283
- ●SKY(スカイマーク) ☎0570-039-283
- ●FDA(フジドリームエアラインズ) ☎0570-55-0489
- ●ピーチ ☎0570-001-292
- ●ジェットスター ☎0570-550-538

●大手航空会社の各種割引

各航空会社とも、いろいろな割引がある。早期購入タイプの割引や特定便割引は、早く予約(購入)するほど、また利用の少ない時間帯ほど割引率が高くお得。神戸空港に就航するANAの割引には、355日前から予約できる「SUPER VALUE」(75日前・55日前・45日前・28日前・21日前までと順番に割引率が下がる)と、割引率の低い「VALUE」(3日前まで、一部前日まで)がある。

●関空まではLCCを利用

新千歳・成田・福岡・鹿児島・那覇などから関西空港へは、格安航空会社(LCC)が就航している。成田空港からピーチが3990円〜、ジェットスターが4180円〜。福岡空港からピーチが4690円〜。関空からはリムジンバスか高速船で神戸へ。

プランニングのヒント

航空割引はネットでチェック

各航空会社がそれぞれ各種割引を設定しているので、ネットで比較しながら決めるのがいちばんわかりやすい。同じ路線でも、搭乗日や便によって値段が異なっているほか、同じ日の同じ便でも、割引の種類によって値段が異なっているので要注意。

高速バスを使う

神戸の街歩きの起点となるのは三宮。JRはじめ阪急、阪神、地下鉄山手線・海岸線、ポートライナーなどの路線が集まり、元町や神戸とも結ばれている。新幹線新神戸駅からは市営地下鉄が早くて確実。神戸空港からはポートライナーの利用となる。

出発	路線	所要時間・料金・便数	到着
東京駅八重洲南口	JRバス関東「ドリーム号」★	9時間32～37分 2800～1万4500円★ 1日2便(夜行)	三宮BT
バスタ新宿(新宿南口)	京王バス「プリンセスロード」	8時間10分 7410～1万900円 1日1便(夜行)	神姫バス神戸三宮BT
東京駅鍛冶橋駐車場	ウィラーエクスプレス	8時間 4200～1万200円 1日1便(夜行)	神戸三宮(高架商店街前)
海浜幕張駅	京成バス	10時間50分 8300～1万200円 1日1便(夜行)	神戸三宮(三宮BT)
静岡駅北口	JR東海バス「京阪神ドリーム静岡号」	9時間28分 4690～6930円 1日1便(夜行)	三宮BT
名鉄BC(名古屋)	JR東海バス・名鉄バス「名神ハイウェイバス」	3時間17分 3900円 1日6便	三宮BT
広島BC	広交観光「神戸エクスプレス」	4時間35分 5500円 1日1便(昼行)	神姫バス神戸三宮BT
徳島駅前	JR四国バス・本四海峡バス「阿波エクスプレス神戸号」徳島バス「エディ」	1時間48～59分 3600円 あわせて15～60分ごと	三宮BT・神戸三宮(三宮BT)または阪神神戸三宮・神姫バス神戸三宮BT(発便のみ)
高松駅高速BT	JR四国バス「高松エクスプレス神戸号」四国高速バス「さぬきエクスプレス神戸」フットバス高松「神戸うどん線」	2時間33～50分 4300円 あわせて1時間1～2便	三宮BT・神戸三宮(三宮BT)または阪神神戸三宮・神姫バス神戸三宮BT(発便のみ)

★シートの違いにより、バス愛称名とねだんが異なります。

高速バス問合先

- ●JRバス関東 ☎0570-048905
- ●京王バス ☎03-5376-2222
- ●ウィラーエクスプレス ☎0570-200-770
- ●京成バス ☎047-432-1891
- ●JR東海バス ☎0570-048939
- ●名鉄バス ☎052-582-2901
- ●広交予約センター ☎082-238-3344
- ●JR四国バス(徳島) ☎088-602-1090
- ●本四海峡バス ☎088-664-6030
- ●徳島バス ☎088-622-1826
- ●JR四国バス(高松) ☎087-825-1657
- ●四国高速バス ☎087-881-8419
- ●フットバス高松 ☎087-874-7777

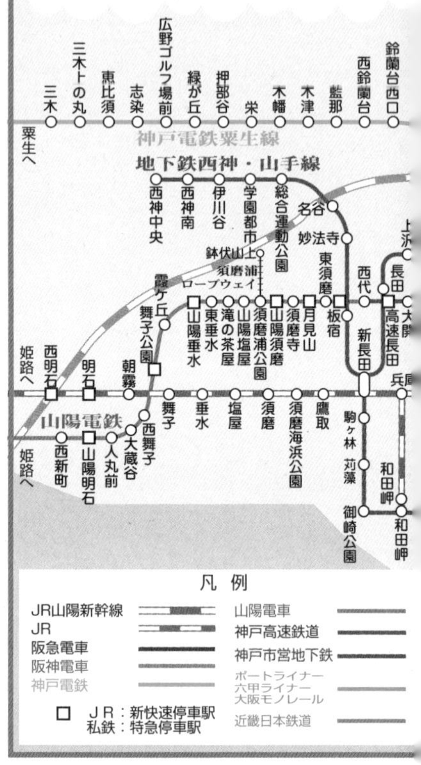

神戸周辺からのアクセス

JR神戸線の新快速なら、大阪駅－三ノ宮駅間を21分と最短時間で結ぶ。また、JR線の山側を走る阪急神戸線は阪急・大阪梅田駅－高速神戸駅－新開地駅間で、海側を走る阪神本線は阪神・大阪梅田駅－高速神戸駅－山陽姫路駅間で、それぞれ直通の特急を運行している。

JR神戸線(東海道・山陽本線)を使う

JR神戸線は神戸エリアの交通の中心となる三ノ宮駅を通って、大阪方面と姫路方面を結んでいる。大阪駅から三ノ宮駅まで新快速で21分と、電車のなかでは最も早い。ただし、新快速は芦屋駅を出ると三ノ宮駅と神戸駅に停車するだけで、その先は明石駅まで停まらない。快速は神戸市内で住吉・六甲道・三ノ宮・元町・神戸・兵庫・須磨・垂水・舞子の各駅に停車する。それ以外の普通しか停車しない駅に行くには、新快速や快速から途中の停車駅で乗り継ぐことになる。

私鉄を使う

大阪方面を結ぶ阪急神戸線・阪神本線と、姫路方面に延びる山陽電鉄が、神戸高速鉄道を介して結ばれている。路線は高速神戸駅で合流するＹ字型で、阪神と山陽の特急が直通運転、阪急も新開地駅まで乗り入れる。また、神戸電鉄も湊川駅から新開地駅まで１駅乗り入れている。

市営地下鉄を使う

山手・西神線は、山陽新幹線の新神戸駅から三宮・長田・新長田駅を経て西神中央駅を結んでいる。新神戸駅から逆方向に延びる北神線は谷上駅で神戸電鉄に接続しており、乗り換えて有馬温泉へ向かうことができる。一方「夢かもめ」の愛

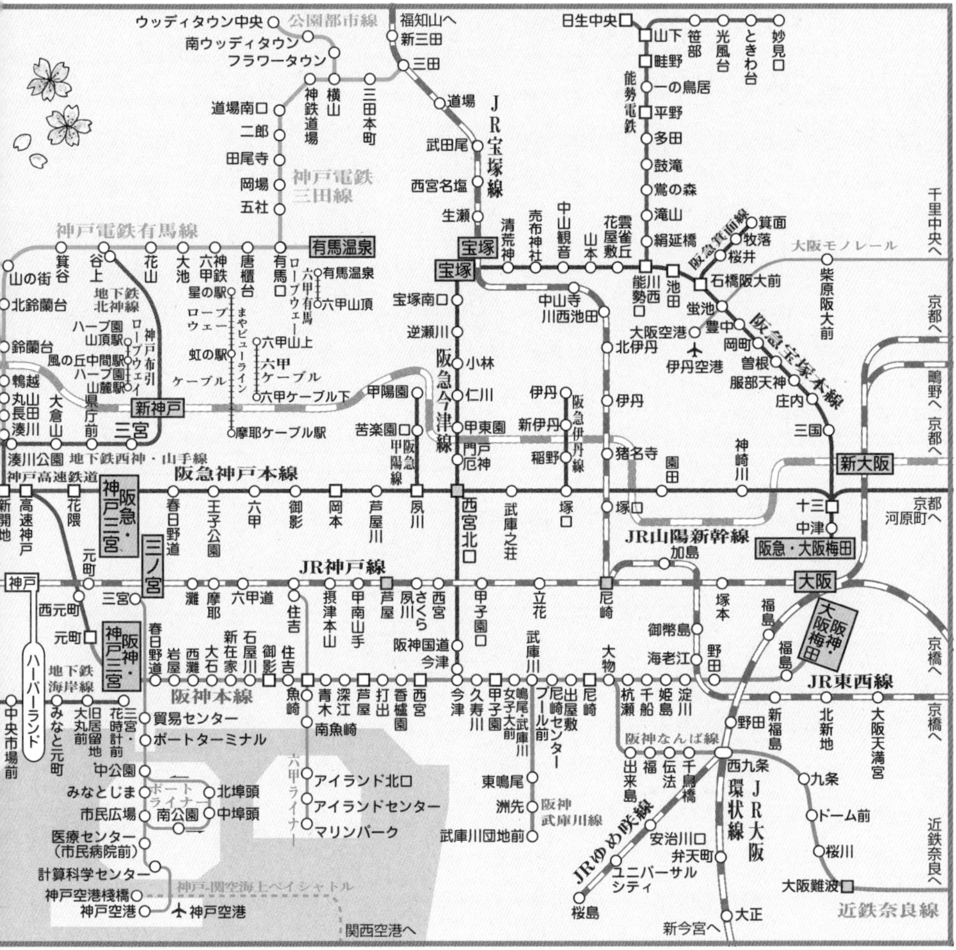

称をもつ海岸線は、山手線と接続する新長田駅から海岸沿いを走り、ハーバーランド駅、みなと元町駅を経て三宮・花時計前駅を結んでいる。三宮駅まで新神戸駅から約２分、谷上駅から約 10 分、三宮・花時計前～新長田駅間は約 15 分。

鉄道・船会社問合先

●**JR西日本（お客様センター）**
☎0570-00-2486

●**ポートライナー（三宮駅）**
☎078-251-2115

●**神戸市営地下鉄**
（市バス・地下鉄お客様サービスコーナー）
☎078-321-0484

●**阪急電鉄（交通ご案内センター）**
☎0570-089-500

●**阪神電鉄（運輸部営業課）**
☎06-6457-2258

●**神戸高速鉄道**
乗り入れ各社に問い合わせる

●**山陽電車（ご案内センター）**
☎078-913-2880

●**神戸電鉄（総合案内所）**
☎078-592-4611

●**神戸-関空ベイシャトル**
（海上アクセス）
☎078-304-0033

三宮から主要エリアへ

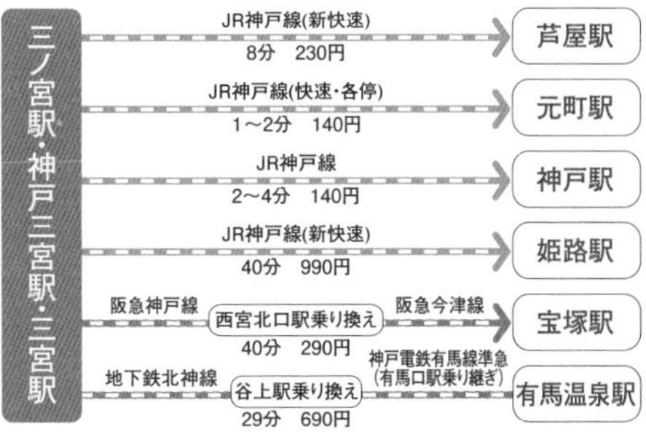

神戸について知っておきたいエトセトラ

神戸についての知識がもっと深まる本や映画、気になるイベントやモニュメントなど、旅の前にちょこっと予習しておきませんか。

読んでおきたい本

神戸や近郊出身の作家による、神戸への愛憎入り交じる小説・漫画作品。リアルな視点を感じてみて。

僕に踏まれた町と僕が踏まれた町

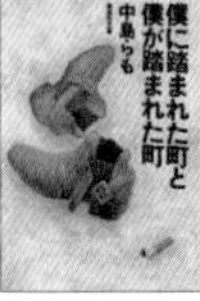

超有名進学校にいながら明るく落ちこぼれていた青春時代を描くショートエッセイ集。神戸を舞台に仲間と繰り広げる抱腹絶倒のエピソード群。

集英社文庫／1997年／中島らも著／580円

風の歌を聴け

表紙：佐々木マキ

村上春樹のデビュー作。1970年のひと夏、海辺の街で紡がれた物憂くほろ苦い青春の一片を断章的に切り取る。大森一樹監督によって映画化。

講談社文庫／2004年／村上春樹著／594円

少年H

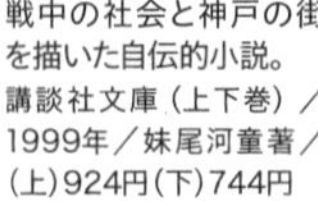
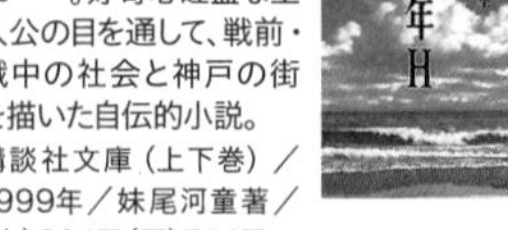

洋服屋の父親とクリスチャンの母親に育てられ……。好奇心旺盛な主人公の目を通して、戦前・戦中の社会と神戸の街を描いた自伝的小説。

講談社文庫（上下巻）／1999年／妹尾河童著／（上）924円（下）744円

神戸在住

©木村紺／講談社

神戸に住む大学生・桂の目から、さまざまな人々の生きる姿を描写。それぞれの「神戸」の姿がいきいきと描かれる。

講談社／1999年～（全10巻）／木村紺著／各660円

アドルフに告ぐ<新装版>

ナチスの時代、ドイツ・日本・イスラエル3国にまたがる3人の主人公の生と死を描く。戦前・戦中の神戸の街が重要な舞台として活写されている。

文春文庫／2009年（全4巻）／手塚治虫著／792～847円

あるいとう

©ななじ眺／集英社マーガレットコミックス

海が見える神戸の北野の街を舞台にしたコミックス。阪神・淡路大震災で母親を亡くした主人公のくこが、たくましく生きていく成長物語。

集英社／全11巻／ななじ眺著／各440円

観ておきたい映画

神戸の美しい街並みは、映画ロケ地にもしばしば採用されています。神戸を舞台にした作品も見逃せません。

その街のこども 劇場版

©2010NHK

子どものころに阪神・淡路大震災を経験した2人の想いが、震災後15年を経てあふれ出す。それぞれに心の傷を抱えて生きる若者たちのリアルな現在を、切なくもやさしい視線で切り取った感動作。

Blu-ray5940円発売中／発売・販売元：トランスフォーマー／2010年公開／出演：森山未來／監督：井上剛

僕の彼女はサイボーグ

©2008「僕の彼女はサイボーグ」フィルムパートナーズ

サエない大学生・ジローのもとに、突然現れて突然姿を消したキュートで異常な彼女の正体は？ 舞台設定は東京だが、ロケの多くを神戸で撮影。南京町、旧居留地などの街並みが画面を彩る。

DVD通常版4180円・Blu-ray5170円発売中／発売元：ギャガ、販売元：アミューズソフト／2008年公開／出演：綾瀬はるか、小出恵介／監督：クァク・ジェヨン

繕い裁つ人

©2015池辺葵／講談社・「繕い裁つ人」製作委員会

神戸の街を望む坂にある「南洋裁店」は、頑固な2代目店主が"世界で1着だけの、一生もの"を仕立てる人気店。兵庫県、神戸市でオールロケを敢行。美しい建物や街並みが物語を引き立てる。

DVD5170円・Blu-ray6050円発売中／発売・販売元：ポニーキャニオン／2015年公開／出演：中谷美紀／原作：池辺葵『繕い裁つ人』（講談社 Kiss KCDX）／監督：三島有紀子

阪急電車 片道15分の奇跡

©2011「阪急電車」製作委員会

宝塚～西宮北口を約15分で走るローカル線・阪急今津線。同じ列車に偶然乗り合わせた人々の、それぞれの愛の葛藤、そしてその交錯から生まれる小さな奇跡を、現地ロケ満載で描く。

通常版DVD4180円・Blu-ray7260円発売中／発売元：関西テレビ、販売元：ポニーキャニオン／2011年公開／出演：中谷美紀／原作：有川浩『阪急電車』（幻冬舎文庫）／監督：三宅喜重

祭り・イベント

神戸の四季を彩る華やかなイベントや、伝統的な祭りなど。旅のプランにぜひ加えたいものです。

1月中旬～2月中旬

南京町春節祭

旧正月を祝う祭り。京劇衣装のパレードや獅子舞、龍舞などが登場して華やか。
☎078-332-2896
(南京町春節祭実行委員会)
MAP P70・71

4月下旬～5月上旬

インフィオラータこうべ

イタリア発祥、地面に花びらを敷き詰めて花絵を作るイベント。市内各会場で開催。
☎078-671-1415(ディスプレイタモン)、☎078-261-8141(ベイエリア) MAP 付録P7C2(北野坂会場)ほか

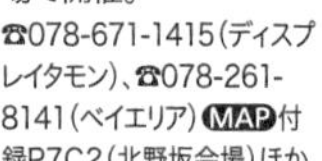

5月中旬(変更の場合あり)

神戸まつり

神戸最大の祭り。マーチングバンドやサンバのパレードのほか、市内各地で多彩なイベントを開催。
☎078-333-3330
(神戸市総合コールセンター／8～21時)

10月下旬

みなとHANABI ～神戸を彩る5日間～

花火×音楽×バブルアートで夜空を彩る花火イベント。メリケンパーク内で無料で観覧可能。
☎なし MAP 付録P12F4

11月2・3日

有馬大茶会

有馬を愛した秀吉の遺徳を偲び、念仏寺など2席で行われる野点大茶会。
☎078-904-0708
(有馬温泉観光総合案内所) MAP P123

1月下旬～2月上旬

神戸ルミナリエ

©Kobe Luminarie O.C.
※掲載の写真は2024年の作品です

阪神・淡路大震災の鎮魂と再生への願いを込めてスタート。冬の神戸を彩る光の芸術祭。
☞P37参照

11月上旬～3月下旬

KOBEロマンチックフェア

南京町や北野坂、ハーバーランドのガス燈通りなど、市内各地で光のイベントを実施予定。
☎078-230-1120
(神戸観光局)

モニュメント

街なかに突如現れるオブジェやモニュメント。記念撮影スポットとしてチェックしておきましょう。

ジャズマンの像

風見鶏の館の目の前。ジャズ発祥の街 (☞P45) を記念していくつかの像が配されている。
MAP P56

市章山・錨山のイルミネーション

市章や錨をかたどった六甲山のイルミネーションが、神戸の夜に輝く。
MAP 付録P3C3

エルヴィス・プレスリー像

世界に3体しかないエルヴィス・プレスリーのオフィシャル像のひとつ。平成21年 (2009) に原宿から移転してきた。
MAP 付録P13C4

ビーナスブリッジ 愛の鍵モニュメント

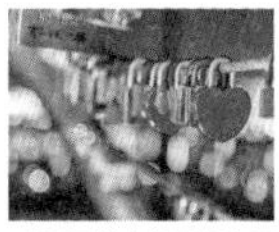

諏訪山公園展望台にある縁結びのパワースポット。「愛の南京錠」を取り付けよう!
MAP 付録P5C1

©一般財団法人神戸観光局

阪神・淡路大震災 慰霊と復興のモニュメント

東遊園地内、阪神・淡路大震災の記憶と慰霊、復興の歩みを後世に伝えるために設置。
MAP 付録P10F4

ラ・ルーチェ

元町商店街の東の入口に立つアーチは、世界的グラスアーティスト・三浦啓子の作品。
MAP P71

フィッシュ・ダンス

メリケンパークの入口で跳ねる高さ21mの鯉。世界的建築家フランク・ゲーリー設計。
MAP 付録P11B4

©一般財団法人神戸観光局

オルタンシアの鐘

平成元年 (1989)、第1回神戸ファッションフェスティバルを記念して建てられたモザイク調の鐘楼。
MAP 付録P12F4

©一般財団法人神戸観光局

神戸第一防波堤東灯台

「神戸港」の文字は書道家・長浜洸による。現役の航路標識として船舶の安全を守っている。
MAP 付録P3C4

鉄人28号モニュメント

JR新長田駅前。神戸出身の漫画家・横山光輝の代表作を「実物大」オブジェに。
MAP 付録P3B4

©H/K2024

※イベントの日程・内容は2024年9月～2025年8月の予定です。予告なく変更される場合があるので事前に各所へお問い合わせください。

INDEX さくいん

観光みどころ　プレイスポット　レストラン・食事処　カフェ・喫茶　居酒屋・BAR　みやげ店・ショップ　宿泊施設　立ち寄り湯

ココミル cocomiru

神戸

関西③

2024年11月15日初版印刷
2024年12月1日初版発行

編集人：平野陽子
発行人：盛崎宏行
発行所：JTBパブリッシング
〒135-8165
東京都江東区豊洲5-6-36 豊洲プライムスクエア11階

編集・制作：情報メディア編集部
編集スタッフ：柳原香奈
編集・取材：K&Bパブリッシャーズ／いなだみほ／土橋健司
エディットプラス（山口春奈／高島夢子／澤田有子）
ビッグ・アップルプロデュース（中谷晶子／黒田裕子）／橋本尚代
みんとりーふ（橋之口悦子／宮崎恵子）／間貞麿

アートディレクション：APRIL FOOL Inc.
表紙デザイン：APRIL FOOL Inc.
本文デザイン：APRIL FOOL Inc.／K&Bパブリッシャーズ
長谷川デザイン事務所（長谷川隆治）／東画コーポレーション
イラスト：平澤まりこ
撮影・写真協力：安河内聡／木村正史／白井孝明／正畑綾子／瀧本峰子
沖本明／藤田晃史／青木崇／大森泉／貝原弘次／西木義和／宮前祥子
橋本正樹／谷口哲／秀平琢磨／佐藤祐樹／仲尾知康／宝塚歌劇団
神戸市立博物館／関係各観光協会／関係各市町村観光課・観光協会
地図：ゼンリン／ジェイ・マップ
組版・印刷所：佐川印刷

編集内容や、商品の乱丁・落丁の
お問合せはこちら

JTB パブリッシング お問合せ

https://jtbpublishing.co.jp/contact/service/

本書に掲載した地図は以下を使用しています。
測量法に基づく国土地理院長承認（使用）R 5JHs 167-294号
測量法に基づく国土地理院長承認（使用）R 5JHs 168-124号

●本書掲載のデータは2024年9月末日現在のものです。発行後に、料金、営業時間、定休日、メニュー等の営業内容が変更になることや、臨時休業等で利用できない場合があります。また、各種データを含めた掲載内容の正確性には万全を期しておりますが、お出かけの際には電話等で事前に確認・予約されることをお勧めいたします。なお、本書に掲載された内容による損害賠償等は、弊社では保障いたしかねますので、予めご了承くださいますようお願いいたします。●本書掲載の商品は一例です。売り切れや変更の場合もありますので、ご了承ください。●本書掲載の料金は消費税込みの料金ですが、変更されることがありますので、ご利用の際はご注意ください。入園料などで特記のないものは大人料金です。●定休日は、年末年始・お盆休み・ゴールデンウィークを省略しています。●本書掲載の利用時間は、特記以外原則として開店（館）～閉店（館）です。オーダーストップや入店（館）時間は通常閉店（館）時刻の30分～1時間前ですのでご注意ください。●本書掲載の交通表記における所要時間はあくまでも目安ですのでご注意ください。●本書掲載の宿泊料金は、原則としてシングル・ツインは1室あたりの室料です。1泊2食、1泊朝食、素泊に関しては、1室2名で宿泊した場合の1名料金です。料金は消費税、サービス料込みで掲載しています。季節や人数によって変動しますので、お気をつけください。●本誌掲載の温泉の泉質・効能等は、各施設からの回答をもとに原稿を作成しています。

本書の取材・執筆にあたり、
ご協力いただきました関係各位に厚くお礼申し上げます。

おでかけ情報満載 https://rurubu.jp/andmore/

243242 280152
ISBN978-4-533-16159-9 C2026

2412